मील के पत्थर

मील के पत्थर

डॉ. रमेश पोखरियाल 'निशंक'

वाणी प्रकाशन

वाणी प्रकाशन
4695, 21-ए, दरियागंज, नयी दिल्ली 110 002
शाखा
अशोक राजपथ, पटना 800 004
फ़ोन : +91 11 23273167 फ़ैक्स : +91 11 23275710
www.vaniprakashan.in
vaniprakashan@gmail.com
sales@vaniprakashan.in

MEEL KE PATTHAR
by Dr. Ramesh Pokhariyal 'Nishank'

ISBN : 978-93-5000-213-1
Collection of Short Stories

संस्करण 2010
आवृत्ति 2016

मूल्य : ₹225

तुषार कलर प्रोसेस, दिल्ली-110 093 में मुद्रित

वाणी प्रकाशन का लोगो मक़बूल फ़िदा हुसेन की कूची से

नैतिक मूल्यों के सौन्दर्य की कहानियाँ

"एक पल के लिए वह सोचने को विवश हो गया था कि इससे लाख गुना बेहतर जिन्दगी तो हम पहाड़ में जी रहे हैं, जहाँ की माटी में दुनियाभर की दुःख विपदा को समेटकर सुख बाँटने की परम्परा जन्म-जन्मान्तर से आज तक भी रची-बसी है। अपनों के बीच से सहानुभूति के बोल सुन सुरेश की आँखों से दिल्ली में सूख चुके आँसू एकाएक अश्रुधार बनकर निकल आये और वह फूट-फूटकर रोने लगा। रोते-रोते जब उसका मन कुछ हल्का हुआ तो वह महसूस कर रहा था कि महानगरों व शहरों में आधुनिकता की चकाचौंध में कब की जिन्दा दफन हो चुकी मानवीय संवेदनाएँ तो वास्तविक रूप में पहाड़ के कण-कण में रची-बसी हैं।"

ये पंक्तियाँ पहले कभी पढ़ी एक कहानी 'एक और बेड

खाली हो गया' की हैं, जिसके लेखक हैं संवेदनशील कवि और कथाकार डॉ. रमेश पोखरियाल 'निशंक'। 'निशंक' जी की यह कहानी मुझे भीतर तक छू गई थी। इस कहानी की तरह ही उनकी अन्य तमाम कहानियों का मूल स्वर लगभग यही है। आज उनके नए कहानी-संग्रह 'मील के पत्थर' की कहानियाँ पढ़ते-पढ़ते अचानक वह कहानी याद हो आई। उस कहानी में पहाड़ का सीधा-सादा युवक सुरेश अपने पिता के इलाज के लिए दिल्ली जाता है जहाँ वह अस्पताल के संवेदनाशून्य माहौल को देखकर जड़ हो जाता है। कहानी के अन्त में जैसे कहानीकार की पीड़ा को इन शब्दों में व्यक्त करता है, जो मैंने शुरू में उद्धृत किए हैं। यह एक बानगी है डॉ. 'निशंक' की कहानियों की मूल संवेदना की। अमानवीय होते आज के समय में मानव-मूल्यों के ह्रास के प्रति उनकी गहन चिन्ता उनके समूचे लेखन में परिव्याप्त है।

'मील के पत्थर' शीर्षक इस कहानी-संग्रह में 'निशंक' जी की ग्यारह कहानियाँ संगृहीत हैं। पहली कहानी 'प्रायश्चित्त' से लेकर ग्यारहवीं कहानी 'आनन्द मरते नहीं' तक की कहानियों में हम उनकी कथा-दृष्टि को पहचान सकते हैं। भूमण्डलीकरण के इस भयावह दौर में रेत होते रिश्तों, जड़ होते समाज और महा बाजार में मनुष्य मात्र के अस्तित्व के क्षरण को वे बहुत बारीकी से देखते हैं तथा घटनाओं एवं चरित्रों के अंतर्द्वन्द्वों, आशा-निराशाओं और वातावरण के घटकों में उतने ही उजले या धूसर रंगों से बुनते चले जाते हैं। एक सुकोमल कंट्रास्ट में। उनकी कहानियों का सहृदय पाठक इस सहज बुनावट वाली कहानियों को पढ़कर द्रवित हो उठता है। उनकी कहानियों के पाठक सहज ही उनके पात्रों के साथ जुड़ जाते हैं। यही कारण है कि उनकी कहानियों का प्रभाव इतना गहरा होता है कि जिस तरह कहानियों के पात्रों का मन परिवर्तित होता है, उसी तरह पाठकों का मन भी बदलने

लगता है। रूपान्तरित होने लगता है। अँधेरे के बीच उनकी कहानियों के पात्र दीपस्तम्भ की तरह प्रकाशित होते दिखाई देते हैं। अपने समर्पण और आदर्श की रोशनी से आवृत। मृत्यु का वरण कर नए जीवन का बीज रोपते-जैसे। आश्चर्य यही होता है कि अधिकांश कहानियों के प्रमुख पात्र अन्त में मृत्युगत हो जाते हैं; किन्तु अपनी मृत्यु को एक अर्थ दे जाते हैं। कहानीकार इस सार्थक मृत्यु को श्रद्धा के साथ सामने लाता है। समाज को दिशा देने के उद्देश्य से। जीवन-मूल्यों को बचाए रखने के लिए संभवत: यह उत्सर्ग आवश्यक लगता है। इसलिए ये सब 'मील के पत्थर' हैं!

पहली कहानी 'प्रायश्चित्त' का मुकेश पहाड़ का एक समझदार सरल-हृदय और आदर्शवादी युवक है। उसकी शादी अरुणिमा से होती है। मुकेश सारे दु:ख उठाकर अरुणिमा को पढ़ाता-लिखाता है। दिल्ली में रहकर उसे पीएच.डी. तक की शिक्षा दिलाता है। महाविद्यालय में नौकरी दिलाता है। आधुनिक बनाता है। बीच-बीच में वह इस 'आधुनिकता' से सशंकित भी हो उठता है, जिसमें न परिवार के लिए लगाव है, न बच्चों के लिए! इसी क्रम में अरुणिमा अमेरिका चली जाती है। वहाँ उसकी नजदीकी प्रो. अमन से हो जाती है। अपनी बेटी नूपुर के साथ अमेरिका में वह इतनी रम जाती है कि मुकेश और पहाड़ सब कुछ भूल जाती है। मुकेश की मृत्यु हो जाती है। यह मृत्यु ही उसे झकझोर जाती है। जब वह भारत आती है मुकेश के मामा के पत्र को पढ़कर, तो मुकेश का उत्सर्ग उसे भीतर तक हिला देता है। जिस मुकेश ने दुनिया की परवाह नहीं की, अरुणिमा की उन्नति के लिए अपना सर्वस्व न्यौछावर कर दिया, किन्तु अरुणिमा की बेरुखी से टूटकर चल बसा। यह जानकर वह प्रायश्चित्त से घिर जाती है। अंतत: वह निर्णय लेती है-"अब वह इन सबको

छोड़कर कहीं नहीं जायेगी। यहीं रहेगी, अपने माता-पिता समान मामा-मामी के पास। अपने अब तक के किये गये अपराधों का प्रायश्चित्त शायद इसी तरह कर पाये।''

'ईर्ष्या' शीर्षक कहानी में आधुनिक और पहाड़ की सीधी-सादी अनपढ़ नारी के बीच 'ईर्ष्या' के स्तर से 'दूसरी' नारी के साथ पति के सम्बन्धों को लेकर होने वाले डाह को विश्लेषित किया गया है। एक प्रकार से आधुनिक कही जाने वाली स्त्री अपने हृदय को मुक्त और विस्तृत नहीं कर पाती है। इसके विपरीत पहाड़ की अनपढ़ आधुनिकता से कोसों दूर नारी बड़ी सहजता के साथ अपनी 'सौतन' के साथ रह रही है। यह कंट्रास्ट मानवीय सम्बन्धों की पुनर्रचना और पुनर्व्याख्या की आवश्यकता को रेखांकित करता है।

'आतंक' शीर्षक कहानी में प्रकारांतर से मुम्बई के होटल 'ताज व्यू' में 26 नवम्बर को हुए आतंकी हमले का संदर्भ है। नाम बेशक होटल ताज व्यू का नहीं है, किन्तु इसे आतंकी हमले की घटना से जोड़कर व्यापक संदर्भ दिया गया है। नवविवाहित युगल का इस हमले में घिर जाना, पति का इस हमले में मारा जाना आतंकवाद के अमानवीय चेहरे पर जोरदार तमाचा है। निर्दोषों का इस तरह मारा जाना आतंकवाद की भर्त्सना का रचनात्मक पक्ष है। कथाभूमि का वातावरण और पात्रों का मनोविज्ञान-दोनों ही इस कहानी को जीवंत बनाते हैं।

इनसे आगे की कहानी 'महान कौन?' है, जो एक धनाढ्य और गरीब के बीच खड़ी होकर प्रश्न वाचक मुद्रा में पाठक से संवाद करती है। मालिक विदेश से कीमती मशीनें मँगाता है। एक मशीन कम हो जाती है। संदेह चतुर्थ श्रेणी कर्मचारी पर जाता है। बेहद गरीबी और मजबूरी में घिरा यह कर्मचारी डिगता जरूर है किन्तु अंत में वह अपने संस्कारोंवश चोरी जैसा घृणित कार्य नहीं

करता। उसकी पवित्र आत्मा उसे क्रूर परिस्थितियों के मध्य भी आदर्श जीवन से पथभ्रष्ट नहीं होने देती। अंत में मैनेजर के माध्यम से ही कहानीकार पाठक से प्रश्न पूछता है–"महान कौन है, शशांक या मैं? दुरुस्त हालातों में कोई भी महान, ईमानदार हो सकता है, लेकिन विषम और विपरीत परिस्थितियों में इन गुणों का बने रहना ही सच्ची महानता है और मेरी नजर में वही महान है।" यह 'निशंक' की आदर्शवादी और एक शिक्षक की दृष्टि है, जो इस कहानी को उद्देश्यपूर्ण एवं शिक्षाप्रद बनाती है।

'सम्पत्ति' शीर्षक कहानी में कहानी का नायक अपने बच्चों की खुशी के लिए कुछ भी करने को तत्पर है। इस कहानी में मध्यवर्गीय जीवन की विसंगतियों और आर्थिक संकट को 'निशंक' ने बहुत ही मार्मिक ढंग से उकेरा है।

'दर्द' नामक कहानी डॉक्टर दम्पति की कहानी है, जो पति-पत्नी के परस्पर स्नेह और समर्पण को बखूबी अभिव्यक्त करती है। आजीवन अपने कार्यों में व्यस्त रहे डॉक्टर आलोक अपनी पत्नी को नहीं देख सके। वह बीमारी में दम तोड़ देती है। इस घटना से डॉक्टर आलोक की आँखें खुलती हैं। वे इतना बड़ा निर्णय ले लेते हैं कि आत्मग्लानि में आत्महत्या कर लेते हैं। यह इस कहानी का कमजोर पंक्ष माना जा सकता है। किन्तु सम्बन्धों को सर्वोपरि मानने की लेखक की दृष्टि में आत्महत्या कहीं अधिक छोटी है।

'नीयत' शीर्षक कहानी नारी शोषण के लिए तत्पर समाज के ऊपर व्यंग्य है। एक छिछोरा वकील अकेली कामकाजी स्त्री का दैहिक शोषण करने के लिए किस तरह के अमानवीय हथकण्डे अपनाता है, और सुगन्धा किन अंतर्द्वन्द्वों से गुजरती है; कहानी में इस का बहुत अच्छा चित्रण है। कहानी की नायिका सुगन्धा एक सचेत महिला है। वह सारी चीजों को समझती हुई

किसी बहकावे या लालच में नहीं फँसती। दुश्चक्रों एवं दुश्चिन्ताओं के भीतर से उसका चरित्र निखर कर सामने आता है। कहानी में नारी मनोविज्ञान का अच्छा आधार लिया गया है।

'आखिर क्यों?' नारी जीवन की व्यथा को बखूबी सामने लाती है। एक बच्ची के माध्यम से इसे और अधिक गहराई के साथ व्यक्त किया गया है। यहाँ नारी अपने प्राणों का उत्सर्ग कर समर्पण का एक आदर्श उदाहरण प्रस्तुत करती है।

'बड़ी सीख' कहानी में स्वतंत्रता सेनानी संतन सिंह के जरिए यह सीख देने की कोशिश की गई है कि देश की आजादी की लड़ाई में भाग लेकर उन्होंने देश व देशवासियों पर कोई एहसान नहीं किया बल्कि अपना फर्ज अदा किया। इसलिए इसके एवज में उनके बच्चों को विशेष सहूलियत या नौकरी आदि क्यों मिले!

'आनन्द मरते नहीं'–फिल्म 'आनन्द' के राजेश खन्ना की याद दिला देती है। इसीलिए कहानीकार ने इसे शीर्षक भी यही दिया है। कहानी के जीवंत युवा नायक का चरित्र मनुष्य की जिजीविषा के प्रति एक आदर पैदा करने वाला है।

'दोषी कौन' कहानी बदलते समाज के बीच घिरी युवती की कहानी है, जो बलात्कार की शिकार हो जाती है। वह हादसा उसे उतना नहीं तोड़ता, जितना समाज के लोगों का बर्ताव। मीडिया के चरित्र पर भी कहानी कटाक्ष करती है।

कहानी की नायिका शर्मिला मृत्यु का वरण कर लेती है और समाज के सामने सोचने के लिए एक मार्मिक पत्र छोड़ जाती है, जिसमें लिखा है, "मन तो मेरा उसी दिन टूट चुका था, जिस दिन मेरे साथ यह अनहोनी हुई। लेकिन मैं उसके खिलाफ लड़ना चाहती थी। दोषियों को सजा दिलाना चाहती थी। आखिर मेरा दोष क्या था? पर इस समाज ने मुझे जीने नहीं दिया।" अंत में जैसे

लेखक प्रश्न पूछता है स्वयं से (या यह प्रश्न हर व्यक्ति/सहृदय पाठक का है समाज से) ''इस सब के लिए दोषी कौन है–वो वहशी दरिंदे, ये समाज या फिर दोनों...!''

इन कहानियों को पढ़ते हुए ऐसा अनुभव होता है जैसे कहानियों के शब्द हमारी चेतना को जगा देते हैं। शब्दों-कथनों-सूक्तियों के कोमल आघातों से 'निशंक' अपनी कहानियों में ऐसा उद्वेलन पैदा करते हैं कि पहाड़ी जन-जीवन और नगरीय जीवन के सुने हुए किस्से जीवंत हो उठते हैं। जिन लोगों ने उनकी कहानियों को पढ़ा है, वे इस बात से अच्छी तरह परिचित होंगे कि उनकी कहानियों में मानवीय भावनाओं द्वारा गहराइयों तक स्पर्श करने की अद्‌भुत क्षमता है।

उनके कहानी कहने के आत्मीय जादू के घेरे में बहते चलते जाना पाठक की नियति है। वे मनुष्य के अंत:संसार में प्रवेश करते हैं और मानवीय सम्बन्धों की परतों को रचनात्मक क्रम में खोलते चले जाते हैं। वे मनुष्य जीवन के लिए आवश्यक मूल्यों को भूख और प्यास की भाँति देखते हैं। इन मूल्यों और नैतिकता का अपना सौन्दर्य है।

इन कहानियों को पढ़ते हुए हम इसी सौन्दर्य का साक्षात्कार करते हैं। उनकी कई कहानियाँ स्त्री जीवन के सपनों को विशेष रूप से चित्रित करती हैं। जिनमें प्रेम की चमक भी है और उदासी की छायाएँ भी। जीवन के खट्टे-मीठे अनुभवों से आवृत ये कहानियाँ मनुष्य की मनुष्यता पर विश्वास को डिगने नहीं देतीं, यही इनकी शक्ति है।

–प्रो. हरिमोहन
निदेशक,
क.मु. हिन्दी अध्ययन एवं भाषाविज्ञान विद्यापीठ,
डॉ. भीमराव अम्बेडकर विश्वविद्यालय, आगरा

अपनी बात

कहानियाँ हमारे जीवन संसार के इन्द्रधनुषी रंगों का सार-संकलन भर ही नहीं होतीं, यह देखे, महसूस किए और भोगे ताप-संताप का जीवंत दस्तावेज भी होती हैं। यह हमें सिर्फ गुदगुदाती, सहलाती ही नहीं सीख और संदेश भी देती हैं। हमारा हौसला बढ़ाती हैं और गाहे-बगाहे रास्ता भी दिखाती हैं। कभी मन कुरेद कर सही-गलत की हामी भरवाती हैं, तो कभी हमें हमारी जिम्मेदारी व दायित्वों का बोध भी कराती हैं।

मेरी साहित्य रचना का भी यही परम लक्ष्य और उद्देश्य है। अपनी कहानी में मैं साहित्य के इस धर्म को पूरी संवेदना, स्वच्छंदता और नैसर्गिकता से निभाने की भरसक कोशिश करता रहा हूँ। ताकि हर रचना जनोन्मुखी व जनसरोकारी हो, और पावन गंगा की अविरल जलधारा की तरह लोककल्याणकारी भी हो।

'मील के पत्थर' ऐसे ही जीवन मूल्यों को समेटे वैचारिक ऊष्मा और दृष्टि देने वाली ग्यारह कहानियों का संग्रह है। इनके जरिए यह दिखाने की कोशिश की गई है कि कैसे आधुनिकीकरण के इस भयावह दौर में सब कुछ बिक रहा है। रिश्ते, रेत हो रहे हैं। समाज जड़ हो रहा है। पर फिर भी कुछ लोग हैं जो जीवन मूल्यों को सहेजे न सिर्फ जूझ रहे हैं, बल्कि अपने जीवन की आहुति तक दे रहे हैं।

यही प्रेरणादायी पात्र, मेरे 'मील के पत्थर' हैं। 'प्रायश्चित्त', करने को मजबूर करता युवा मुकेश हो या 'महान कौन', ये सोचने को मजबूर करता गरीब, पर संस्कारों से अमीर शशांक या फिर 'आखिर क्यों', का यक्ष प्रश्न लिए खड़ी मासूम चिंकी हो। इन सभी पात्रों की सार्थक व रचनात्मक भूमिका के जरिए समाज को सीख, संदेश और संस्कार देने की कोशिश की है मैंने। साथ ही आतंक, सम्पत्ति, दर्द, नीयत, बड़ी सीख जैसी कहानियाँ भी हैं, जिनके जरिए जीवन और सामाजिक परिवेश का आईना दिखाने का प्रयास किया है।

इनके अलावा 'आनंद' जैसे लोगों की जिजीविषा को उकेरने की कोशिश की है, तो समाज का वह घिनौना और मानवता को शर्मशार करने वाला चेहरा उजागर करने का प्रयास भी किया है, जो शर्मिला जैसी युवती को पहले जीते जी मौत दे देता है, और फिर उसकी बलि ही ले लेता है।

मुझे पूर्ण विश्वास है कि सुधी पाठकों को इस संग्रह की कहानियाँ किसी न किसी पड़ाव पर अवश्य झकझोरेंगी।

प्रस्तुत संग्रह के प्रकाशन में कई मनीषियों का सहयोग प्राप्त हुआ है, उन सभी के प्रति मैं हार्दिक कृतज्ञता व्यक्त करता हूँ।

–रमेश पोखरियाल 'निशंक'

अनुक्रम

प्रायश्चित्त

रिश्ते भी मुट्ठी से रेत की तरह रीत जाते हैं, यह मुकेश ने कभी सपने में भी नहीं सोचा था। उसके लिए तो रिश्ते बगैर जीवन की कल्पना ही बेमानी थी। मामा-मामी न होते, तो आज शायद वह भी नहीं होता। इस भोगे यथार्थ ने उसके पोर-पोर में रिश्ते के लिए आस्था जगा दी।

और फिर ये रिश्ता! ये तो जीवन-साथी का रिश्ता था। अटूट। साथ जीने और साथ मरने का।

माँ भी यही सीख दे गई। पिता चल दिये, तो वह भी साथ-साथ चल दी।

जीवन साथी ही नहीं, तो फिर जीवन कैसा!

यह जुनूनी जज्बा उसे विरासत में मिला था। तभी तो रिश्ते की इस डोर ने जरा बल क्या खाया, उसके जीवन की डोर ही

टूट गई। वह पागलों सा बदहवासी में रोये, बड़बड़ाये जा रहा था–

'किस जनम की सजा दे गईं तुम अरु!

मेरा प्यार, मेरे जज्बात, मेरी कुर्बानी; क्या सब बेमानी हो गये? ये जन्मों का रिश्ता, नूपुर का वास्ता भी क्या सब ढोंग था? क्या हम कोई पाप कर बैठे थे, जो तुमने हमारी अमानत को कोख से काट फेंका और चलती बनीं?

मर क्यों नहीं गया मैं, यह सब देखने से पहले।'

चोट खाये पंछी सा वह जमीन पर फड़फड़ाता रहा और फिर कलेजा चीरती गहरी सिसकियों को अंदर कहीं गहरे में समेट वह हमेशा के लिए मौन हो गया।

पर अरुणिमा, अब वो अरुणिमा नहीं रही, जो उम्मीद के सुर से सुर मिलाती। उसकी अब अपनी अलग ही लय-ताल थी। मर्यादित ग्रामीण परिवेश से आयी इस छुई-मुई सी बाला को आज शहरी उन्मुक्त जीवन ने बिल्कुल ठूँठ और स्वार्थी बना दिया था। इस कदर कि आड़े आने पर वह रिश्ते को भी ठोकर मारने से गुरेज नहीं करती।

वह टस से मस नहीं हुई। ढीठ और उपहास भरे लहजे में उसने ऐसे मुँह बिचकाया मानो कह रही हो, 'ढोंग है ये सब। कोई किसी के लिए नहीं मरता। फिर उसने ऐसा क्या अनर्थ कर दिया। अगर अपने लिए सोचना पाप है तो उसे अपने किये पर कोई अफसोस नहीं।'

वह आगे कुछ बोलती, अचानक नूपुर की चीख से उसकी नींद टूट गई। वह हड़बड़ाकर उठ बैठी। घड़ी देखी, रात के दो बज रहे थे। वह सोच में पड़ गयी–

'ये क्या देखा मैंने। आज जब मुकेश को गये पूरा साल होने को आया है, तब अचानक ये सपना कैसा! वह भी इस तरह का।' वह सिहर उठी। मन अंतर्द्वन्द्वों से उद्वेलित हो उठा।–'कहीं यह

मुकेश की भटकती आत्मा तो नहीं, जो मुझे आज झिंझोड़ रही हो। मेरे किए अपराधों का मुझे अहसास दिला रही हो।' जाने-अनजाने अतीत में मुकेश को पहुँचाई पीड़ा का हर वाकया आज उसकी जेहन में तरोताजा हो आया। पहली बार उसे लगा–'कितना बड़ा अपराध है वह!'

'काश! आज मुकेश जिन्दा होता, तो मैं अपने किये की माफी माँगकर उसके सारे गिले-शिकवे दूर कर देती।'

अरुणिमा अपने को कोसने लगी। परन्तु जिन्दगी कोई 'रफ-कापी' तो है नहीं, जो जब चाहे फेयर कर ले। यहाँ जो बीत गया, वह कभी नहीं लौटता। यही जिन्दगी है।

मुकेश अब बस यादें बनकर रह गया। बचपन में ही माता-पिता का साया उठ गया, तो मामा-मामी ने ही उसे पाला-पोसा। बी.ए. कराया और दो रोटी कमाने लायक बना दिया। एक सरकारी दफ्तर में नौकरी पा गया वह। एक दिन मामा के साथ देवी पूजन के लिए गाँव गया, तो वहीं अचानक अरुणिमा से भेंट हो गयी।

वह उसे देखकर वह ठगा सा रह गया।–हाथ कितनी फुर्सत में गढ़ा हो गढ़ने वाले ने इसे। तारुण्य से आपूरित, सुन्दरता की साक्षात् देवी। पहली मुलाकात, लेकिन लगा जैसे जन्मों का रिश्ता है। ऐसा सौन्दर्य कभी देखा ही नहीं। सुर्ख गोरा रंग, गुलाब से गमकते गाल, बड़ी बोलती आँखें, पहाड़ी नदी सी चंचल बलखाती पर निर्मल, निष्कलंक। रूप-रंग का अद्‌भुत संगम। प्यारी सी यह मूरत आँखों से उसके दिल में उतर गई।

दो-तीन दिन गाँव रहकर मुकेश शहर लौट तो आया, लेकिन मन उसका हर पल वहीं विचरते रहता। वह उसे पाने को बेताब हो उठा।

इधर नौकरी लगे दो साल से ऊपर हो गये, तो मामा को भी उसकी शादी की चिंता सताने लगी। वह अपनी इस आखिरी

जिम्मेदारी से भी मुक्त हो जाना चाहते थे।

मामी से वो बोलते, 'बस यही एक बड़ी जिम्मेदारी रह गयी है। समय पर घर-गृहस्थी बस जाये तो आगे झंझट नहीं रहती। अपने हाथ-पांव चलते बच्चे जिम्मेदारी सम्हाल लें, ठीक रहता है।'

शाम को मुकेश ड्यूटी से घर लौटा तो मामी जैसे इंतजार में ही बैठी थी। मामा जी पड़ोस में कहीं बैठने गए थे। मामी जी ने चाय बनाई और फिर बातों ही बातों में यह जिक्र भी छेड़ दिया, 'बेटा घर में बहू आ जाती तो मुझे भी कुछ आराम मिल जाता। हम लोग अब बूढ़े हो चले हैं। खाली घर काटने को आता है। बाल बच्चे होंगे तो हमारा भी मन लगा रहेगा। मामाजी को तो हर पल तुम्हारी शादी की ही चिंता रहती है। बेटा अब उम्र भी हो गई है। क्यों ना अच्छी लड़की तलाश कर तुम्हारी शादी करवा दें।'

मुंकेश को जैसे मुँह माँगी मुराद मिल गईं। वह तो कई दिनों से उलझन में था कि कैसे मामा-मामी से बात छेड़े। आज मामी ने खुद ही सारी उलझन दूर कर दी तो वह हाथ आया यह मौका क्यों गँवाता। उसने झट अरुणिमा का प्रस्ताव रख दिया।

उसके चेहरे की चमक देख मामी को सारा माजरा समझते देर नहीं लगी। बोली, 'बेटा ये काम इतनी जल्दबाजी के नहीं होते। ये कोई चीज तो है नहीं कि देखी और उठा लाये। फिर पसंद नहीं आयी तो वापस कर आये। ये जीवन का सवाल है और जीवन के फैसले दिल से नहीं दिमाग से होते हैं। इसलिए जो भी करो, खूब सोच समझकर करो। ताकि आगे पछताना न पड़े। फिर हम शहर के लोग हैं। हमें शहर व आस पड़ोस भी देखना है। लोग क्या कहेंगे। यही कि इन्हें शहर से कोई लड़की ही नहीं मिली। फिर अरुणिमा, पढ़ी लिखी भी नहीं है। शहर में कैसे निभा

पाएगी। बाकी जैसे तुम्हारे मामाजी कहें। मैं तुम्हारी बात उन तक पहुँचा दूँगी।' यह कहकर मामीजी रात के खाने की तैयारी में लग। जब तक मामा जी लौटते बात आयी-गई हो गई। रात में सोते समय मामी ने मामाजी को सारी बात बता दी।

अगली सुबह चाय पर मामा ने उसे समझाया, 'बेटा पसंद ही सब कुछ नहीं होती। और भी बहुत कुछ देखना पड़ता है। तुम्हारी मामी ने मुझे सब कुछ बता दिया है। भावुक मत बनो। पढ़े-लिखे हो दिमाग से काम लो। पति-पत्नी जीवन की गाड़ी के दो पहिए होते हैं। जानते हो एक भी कमजोर हुआ तो क्या हस्र होगा। इसलिए जो भी जीवन साथी चुनो, उसे सोच समझकर चुनो। अपनी रीत-नीत, अपने परिवेश का भी खयाल रखो। और यह गाँठ बाँध लो-बच्चों की पहली गुरु माँ होती है। असली शिक्षा, संस्कार उन्हें वही देती है। इसलिए यह तुम पर है कि तुम कैसी संतति, कैसी संतान चाहते हो।

लेकिन मुकेश की एक ही रट थी, शादी करूँगा तो सिर्फ उसी से।

उसकी जिद देख मामा-मामी ने हथियार डाल दिए। मुकेश को जैसे सबकुछ मिल गया। जल्दी ही शादी भी हो गयी। नये लोग, नया परिवेश, इसलिए शुरू में तो वह काफी डरी-सहमी सी रहती। पर धीरे-धीरे वह मुकेश को नचाने लगी। जोर-जबर्दस्ती कर उसने वहाँ से कमरा भी बदलवा लिया ताकि आजादी से रह सकें। मामा-मामी को बताया तो वे भी मना नहीं कर पाए, बोले, 'बेटा जिन्दगी तुमने गुजारनी है। जहाँ भी रहो, बस राजी-खुशी रहो।'

अरुणिमा पर यहाँ अब कोई बंदिश भी नहीं रही। खुलकर मुकेश से बातें होतीं। धीरे-धीरे मुकेश को लगा कि वह दिमाग की तेज है और उसे पढ़ने का शौक भी है। गाँव में वह आठवीं जमात

तक ही पढ़ पायी थी। लिहाजा उसने उसे दसवीं का फार्म भी भरवा दिया। वह ढंग से पढ़ाई कर सके इसके लिए मुकेश घर के कामों में हाथ भी बँटा देता। यहाँ तक कि इम्तहान के दिनों में उसने आफिस से छुट्टी भी ले ली। अच्छे अंकों से वह हाईस्कूल पास हो गयी, तो उसका आत्म-विश्वास और बढ़ गया।

एक साल बाद अरुणिमा ने बिटिया नूपुर को जन्म दिया, तो मुकेश की खुशी की सीमा न रही। यह खुशी उसने अरुणिमा से बाँटनी चाही तो वह बड़े नैराश्य भाव से बोली, 'नूपुर के आने से मैं अब आगे नहीं पढ़ पाऊँगी। हमें कुछ समय रुकना चाहिए था।'

अरुणिमा के ये शब्द मुकेश को अंदर तक हिला गये। उसे लगा अरुणिमा पढ़ाई को कितना तवज्जो देती है। उसने सब कुछ छोड़ अब उसके इंटर की तैयारी शुरू करवा दी। परन्तु इसके बाद जब उसने ग्रेजुएशन के लिए कालेज में प्रवेश लेने की जिद की, तो वह बड़ी उलझन में पड़ गया।

उसने समझाया, 'लेकिन नूपुर, तो अभी बहुत छोटी है। उसे घर में कौन देखेगा।' उसका सवाल पूरा हुआ भी नहीं था कि अरुणिमा बीच में ही बोल पड़ी–

'इसकी मैंने सारी व्यवस्था कर ली है। शहर में ऐसे कई क्रैच हैं, जहाँ बच्चों की दिनभर देख-भाल होती है। नूपुर भी दिन में वहीं रह लेगी।'

मुकेश को जैसे साँप सूँघ गया। आमदनी इतनी थी नहीं कि वह अरुणिमा के कालेज की पढ़ाई के साथ-साथ नूपुर के क्रैच का खर्चा भी उठा सके। उसने अरुणिमा को बहुत समझाया पर वह नहीं मानी।

इसको लेकर कई दिनों तक घर में तनाव रहा। दोनों के उतरे चेहरे और हाव-भाव देखकर एक दिन घर आयीं मामी ने मुकेश से माजरा पूछा, तो उसने सारी बात मामी के सामने रख दी।

'अरे इतनी सी बात में तुम लोग लड़ रहे हो। इसमें दिक्कत क्या हैं। नूपुर मेरे पास रह लिया करेगी। बच्चे के साथ मेरा भी मन लगा रहेगा। उसका मन पढ़ने का है तो उसे पढ़ने दो।'

मुकेश की बड़ी उलझन सुलझा दी मामी ने। लेकिन घर की माली हालत थोड़ा और सुधर जाये, यह सोचकर मुकेश ने अब पार्ट-टाइम काम भी शुरू कर दिया।

अरुणिमा ने कॉलेज में प्रवेश ले लिया। दोनों की दिनचर्या बदल गयी। अरुणिमा अपनी पढ़ाई-लिखाई में व्यस्त रहती, तो मुकेश घर का खर्चा-पानी जुटाने के जुगाड़ में लगा रहता। कई दिन तक तो ऐसा होता कि दोनों के बीच फुरसत से बात तक न हो पाती।

इधर अब नूपुर ने भी स्कूल जाना शुरू कर दिया था। अरुणिमा ने बी०ए० के बाद एम०ए० में प्रवेश ले लिया। अब तो वह क्या कर रही है इसका मुकेश से जिक्र तक नहीं करती। हद तो तब हो गयी, जब वह मुकेश को बताये बिना ही गर्भपात करवा आई। दूसरे बच्चे का ख्वाब पाले मुकेश को बाद में पता चला, तो वह बुरी तरह टूट गया।

अरुणिमा को अब अपने भविष्य के आगे किसी की परवाह नहीं थी। यहाँ तक कि मुकेश उसकी पढ़ाई का खर्चा उठाने के लिए कैसे दिन-रात मर-खफ रहा है, इसकी भी उसे तनिक चिंता नहीं। बल्कि अब तो वह जितनी आगे बढ़ रही थी, मुकेश उतना ही पीछे छूटता जा रहा था। हालत यह हो गयी कि अब उसे मुकेश का रहन-सहन उसके तौर-तरीके भी अखरने लगे। गाहे-बगाहे वह मुकेश को टोक दिया करती। कभी-कभी तो वह यह भी नहीं देखती कि सामने कोई बाहर वाला भी खड़ा है। मुकेश के लिए यह असह्य होता जा रहा था। लेकिन गृहस्थी में कहीं कोई दरार न आये, इस प्रयास में वह सब कुछ चुपचाप सहन कर जाता।

एम०ए० फिर पीएच०डी० अरुणिमा सीढ़ी दर सीढ़ी आगे बढ़ती जा रही थी। रिसर्च के दौरान तो अब अरुणिमा को कुछ रकम भी मिलने लगी थी। इससे अब मुकेश पर उसकी निर्भरता भी कम होती जा रही थी।

पीएच०डी० कर अरुणिमा उसी महाविद्यालय में प्रवक्ता पद पा गई। उसकी आकांक्षाओं, महत्त्वाकांक्षाओं की उड़ान अब आकाश की ऊँचाइयों को छूने लगी थी।

इसी बीच अरुणिमा की मुलाकात प्रोफेसर शेखर से हुई। कुछ ही दिनों में वह उसकी प्रतिभा के कायल हो गये। एक दिन उन्होंने अरुणिमा को बताया कि अमेरिका में तो उस जैसी प्रतिभाशालियों के लिए तमाम मौके हैं। यह सुन उसकी उड़ान को और पंख मिल गए।

इधर मुकेश से अब अपने मामलों में अरुणिमा कम ही सलाह लेती थी। बल्कि अब तो वह मुकेश को इस लायक भी नहीं समझती थी कि वह उसे सलाह दे सके। किन्तु इस बार तो मुकेश से पूछना ही था। अमेरिका में उसे जॉब की अनुमति मिल गयी थी। वह इस मौके को किसी सूरत में गवाना नहीं चाहती थी। परन्तु मुकेश तो क्या मामा-मामी व और लोग भी उसके बाहर जाने के कतई पक्ष में नहीं थे।

सबके समझाने के बावजूद वह चली गई। छह माह बाद ही वह नूपुर को भी अपने साथ ले गई। जब तक नूपुर मुकेश के साथ थी, तो कभी-कभी अरुणिमा फोन कर लेती या पत्र भेज देती। किन्तु अब नूपुर के जाने के बाद तो उसने यहाँ से सम्पर्क ही समाप्त कर दिया था।

इससे मुकेश बिल्कुल ही टूट गया। उसे अपनी जिन्दगी बेईमानी लगने लगी थी। एक दिन इसी हताशा में उसने खुद ही मौत को गले लगा लिया। यह दुःखद सूचना तो अरुणिमा तक पहुँचानी

ही थी। जैसे-तैसे हिम्मत जुटाकर, बहुत ही भारी मन से मामा जी ने उसे फोन किया और यह सूचना दी, पर अरुणिमा कहाँ आती? वह अब अपनी अलग ही दुनिया में मग्न हो गई थी।

इसी बीच प्रोफेसर अमन से उसकी नजदीकी हो आई। वह पढ़ाई के दिनों से ही अमेरिका में थे। वहीं एक अमेरिकी लड़की से विवाह हुआ, लेकिन उसकी स्वच्छन्दता से तालमेल न बिठा पाने के कारण जल्द ही तलाक हो गया।

इधर अमन और अरुणिमा एक-दूसरे के और करीब आ गये। लेकिन विवाह के बारे में अभी वे कोई निर्णय नहीं ले पा रहे थे।

इसी बीच अरुणिमा को भारत से मुकेश के मामाजी का लम्बा-चौड़ा पत्र मिला। इस में उन्होंने मुकेश के चले जाने से पूर्व की उसकी सारी व्यथा-कथा शब्दों में अंकित करने का प्रयास किया था। बहुत भावुक होकर उन्होंने लिखा था-

'बेटी! अगले महीने हम उसका श्राद्ध करने जा रहे हैं। उसकी दु:खद मौत पर तो तुम न आ पाई, पर इस समय आ जाओगी, तो शायद उस अभागे की भटकती आत्मा को शान्ति मिल सकेगी।'

उनके इस अनुरोध का कुछ असर दिखा। पढ़ते-पढ़ते वह सोचने लगी कि कितने सालों से वह अपने देश नहीं गई है। इस मौके पर नूपुर को लेकर चली ही जाए, तो ठीक रहेगा। पत्र पढ़कर उसने सोचा कि कल ही अमन से इस बारे में बात कर लेगी।

'क्या जरूरत है जाने की? अगर पुराने सम्बन्धों से इतना लगाव रखोगी, तो आगे नहीं बढ़ पाओगी। जो छूट गया उसे छूट जाने दो।'

अमन के इन रूखे शब्दों ने अरुणिमा को विचलित कर

दिया। वह सोचने लगी, जो इन्सान अतीत के रिश्तों को इतनी सहजता से तिलांजलि दे सकता है, क्या वह उसके साथ ईमानदारी से रिश्ता निभा पायेगा?

वह उससे तो कुछ नहीं बोली लेकिन मन ही मन उसने भारत जाने का निश्चय कर लिया। पर मन में आशंका थी न जाने वहाँ उससे कैसा बर्ताव हो। आखिर मुकेश की अप्रत्याशित मौत का अप्रत्यक्ष कारण तो वह खुद थी ही। खैर, देखा जायेगा, मन मजबूत कर वह चल दी।

यहाँ पहुँची तो देखा सब कुछ उसकी सोच के बिल्कुल उलट था। उसे देखते ही मामा की आँखों से अविरल अश्रुधारा बहने लगी। कुछ बोले बगैर वह अंदर चले गये। पास ही खड़ी मामी ने उसे गले लगा लिया। बोली–

'बेटी! तू मुकेश को नहीं समझ पाई। तुम लोगों के जाने के बाद तो वह पागल सा हो गया था। लोग तेरे लिए कुछ कहते तो वह भड़क उठता। लोग उसे समझाते कि तुमने अपने स्वार्थ के लिए उसे इस हाल में छोड़ दिया, तो भी वह तेरा ही पक्ष लेता।' कहते-कहते वह फफक पड़ी। धोती के किनारे से अपनी आँखें पोंछते हुए आगे बोली–

'लोगों के व्यंग्य बाण तो वह सह भी लेता, लेकिन तुम्हारी बेरुखी से वह बिल्कुल ही टूट गया। नूपुर को तो वह आखिरी समय तक पुकारता रहा।'

किसी तरह मन मजबूत कर मामा अंदर से लौट आये, बोले–'अच्छा किया बेटी जो तू इस समय आ गई। लोगों का मुँह बन्द हो जायेगा और मुकेश की आत्मा को भी शान्ति मिलेगी।' अरुणिमा अंदर से बहुत बेचैन हो उठी। जिस इंसान को उसने हमेशा अपनी स्वार्थ सिद्धि का साधन भर समझा। उसने कभी उसके खिलाफ एक शब्द तक नहीं कहा। और फिर ये

मामा-मामी, जिन्होंने इतना सबकुछ होने के बावजूद सारे अपराधों से उसे मुक्त कर दिया।

वह ऐसे लोगों को छोड़ किनके बीच रह रही थी, वह सिहर उठी। उसके सामने मुकेश के साथ बिताये गए एक-एक पल चलचित्र की भाँति घूम गये। उसे याद आया जब वह ब्याह कर गाँव से शहर आई थी तो किस तरह मुकेश उसे शहर के तौर-तरीके समझाया करता था। उसके पढ़ाई के समय स्वत: ही नौकरी के साथ-साथ घर के कामकाज भी बखूबी सँभाल लेता था।

अरुणिमा को यहाँ आए दो-तीन दिन हो चुके थे। इन दिनों में किसी न किसी बहाने मुकेश का जिक्र आ ही जाता। जिन बातों पर उसने कभी साथ रहकर भी गौर नहीं किया, वही बातें आज उसका अन्तर्मन कचोट जाती। मन में प्रश्न उठते-क्या करे अब? वापस विदेश चली जाये या यहीं रहकर जाने-अनजाने में किए गए अपने पापों का प्रायश्चित करे। नूपुर के मन की टोह लेनी चाही तो उससे सुखद प्रतिक्रिया मिली-'दादा-दादी बहुत अच्छे हैं माँ! अमेरिका में तो इतना प्यार-दुलार लुटाने वाले होते ही नहीं।' इतना सुनते ही बेटी को गले से लगा लिया अरुणिमा ने खुद को धिक्कारा-'इन प्यार और स्नेह भरे रिश्तों को छोड़कर कहाँ भटक रही है तू!'

उसने तय कर लिया कि अब वह इन सबको छोड़कर कहीं नहीं जायेगी। यहीं रहेगी, अपने माता-पिता समान मामा-मामी के पास और इन्हीं की सेवा में अब अपनी बाकी की जिन्दगी गुजार देगी। अपने अब तक के किये गये अपराधों का प्रायश्चित्त शायद वह इसी तरह कर पाये।

ईर्ष्या

सर्दियों की खुशनुमा सुबह, बाहर लॉन पर गुनगुनी धूप पसरी थी। दिल्ली जैसी धुंध और कोहरे भरी सर्दियों में ऐसी खिली-खिली धूप विरले ही नसीब होती है।

काम निपटाकर, कंधे पर शॉल डाले मैं बाहर लॉन में चली आई। घण्टा भर हो गया था निशीथ को। सुबह की सैर पर निकले। पता नहीं अब तक क्यों नहीं लौटे? यहीं देखने मैं बाहर आई तो नजर पड़ी सामने लॉन के एक कोने पर वह किसी महिला से बतियाने में मस्त थे।

महिला भी ट्रेक सूट में थी तो मैंने अंदाजा लगा लिया। वह भी सैर पर ही निकली होगी और हो गया होगा परिचय। लेकिन इसका मतलब ये तो नहीं कि तुम चिपक ही जाओ। निशीथ की यही आदत मुझे शुरू से अखरती रही है। जहाँ औरतें देखीं वहीं

चिपक लिये। यह उनकी हमेशा से ही कमजोरी रही है। वैसे भी महिलाएँ हमेशा से उसकी कमजोरी रही हैं। आज फिर उन्हें किसी महिला के साथ देख मन कड़वाहट से भर गया। क्या हम शहर के कोलाहल से दूर यहाँ इसीलिए छुट्टी मनाने आए थे! मैं गुस्से में तमतमाई वहीं कुर्सी पर पीठ घुमाकर बैठ गई।

निशीथ और मैं दोनों ही बहुराष्ट्रीय कम्पनी में थे। काम का बोझ इतना कि कई दिनों से अपने लिए फुरसत ही नहीं निकाल पा रहे थे। घर पर छुट्टी लेकर रहो, तो दिन भर घनघनाते फोन छुट्टी का अहसास ही नहीं होने देते।

यही सोचकर मैंने और निशीथ ने हफ्ते भर का अवकाश लेकर शिवालिक पहाड़ियों में स्थित खूबसूरत हिल स्टेशन मसूरी जाने का निश्चय किया। निशीथ ने टूर ऑपरेटर को पहले ही समझा दिया था कि रहने का स्थान शहर से कुछ दूर एकान्त में हो तो अच्छा।

इस बात का पूरा ध्यान रख उसने मसूरी से दस-बारह किलोमीटर दूर पहाड़ों की सुन्दर वादियों के बीच एक रिजार्ट में हमारे रहने की व्यवस्था कर दी।

सर्दियाँ थीं, लिहाजा भीड़-भाड़ न के बराबर थी। रिजार्ट के मालिक ने पानी के स्रोत को रोक कर झील में परिवर्तित कर दिया था और वहाँ सर्दियों की धूप में बोटिंग का आनन्द लिया जा सकता था।

शान्ति इतनी कि पानी का कल-कल करता स्वर ही इसे भंग करता। चारों ओर बाँज के जंगल। जड़ों का पानी इनका इतना मीठा कि आदमी बोतल बन्द पानी पीना छोड़ दे।

सचमुच कितनी खुश थी यहाँ आकर मैं। किन्तु निशीथ ने सारा कबाड़ा कर दिया। फिर वही हरकत, मन खराब हो गया।

वह लौटे तो मेरा चेहरा देख सारा माजरा समझ गए। उन्होंने

जोर से ठहाका लगाया और शरारती अंदाज में बोले। 'अरे, कल ही तो इस रिजार्ट में आई वो, कुछ पूछ रही थी, तो रुककर बताना ही पड़ा। कल से तुम भी सैर पर चला करो। बहुत अच्छा लगेगा और मुझे अकेला भेज तुम कुढ़ने से भी बच जाओगी।' मेरा पारा गरम देख निशीथ फिर मनुहार पर उतर आये।

खैर मैंने भी बात को तूल न देकर, टाल देना ही उचित समझा। कुछ देर लॉन में बैठ चाय पीकर हम अंदर कमरे में चले आये।

थोड़ी ही देर में कमरे की सफाई के लिए नित्य आने वाली महिला आ गई। निशीथ नहाने चले गए, तो मैं उस महिला से बतियाने लगी।

महिला पास के ही किसी पहाड़ी गाँव की रहने वाली थी। उसका बीस वर्षीय बेटा उसी रिजार्ट में काम कर रहा था। साथ ही वह कॉलेज की पढ़ाई भी कर रहा था।

'मैंने पूछा, तुम्हारे पति क्या करते हैं?'

बोली, 'मैम साहब! वो गाँव में ही रहा करते हैं, बीमार रहते हैं, उमर काफी है ना।' 'कितनी उम्र है उनकी और किनके साथ रहते हैं वो गाँव में?' मैं अपनी जिज्ञासा छुपा नहीं पाई।

'सत्तर से तो ऊपर ही होंगे। बड़ी वाली के साथ रहते हैं वहाँ।'

'बड़ी वाली?' मैं चौंकी, 'मतलब दूसरी बीवी! उसने हँसते हुए समझाया और फिर जो कुछ बताया, मैं हैरत में पड़ गई।

बोली, 'वह अपने माता-पिता के इकलौते बेटे थे। पहले शादी से उनकी तीन औलादें हुईं। तीनों बेटियाँ। दीदी रोज सास-ससुर के ताने सुनती, मानों बेटियाँ जनने के लिए वही जिम्मेदार हो। हर दिन वही किच-किच।

फिर वंश का वास्ता देकर उन्होंने उन्हें दूसरे विवाह के

लिए मनाना शुरू किया। पर वह टस से मस न हुए।

समय बीतता गया। बेटे ने उनकी बात नहीं सुनी, तो वह बहू के पीछे पड़ गये हाथ धोकर।

'अब तू ही मना उसको दूसरी शादी के लिए। हमारा तो कुल ही खत्म हुआ जा रहा है, वंश बेल ही सूख रही है। फिर भी बात न बनी, तो वे भावनाएँ भड़काने पर उतर आये, बोले, 'तू तो बीवी है उसकी। तू ही समझा। हमारा कैसे बढ़ेगा खानदान।' जब वह भी पीछे पड़ गई तो वह राजी हो गये।

'इसी बीच बड़ी बेटी भी ब्याहने लायक हो गई, तो पहले उसके हाथ पीले किये गये। फिर अपनी ढूंढ-खोज चली। पिता जी से सम्पर्क हुआ। बातचीत हुई। पता चला वह उम्र में तीसेक साल बड़े हैं। पर वह राजी हो गये। घर में दो वक्त के खाने के भी लाले पड़े थे। क्या करते, कम से कम दहेज तो नहीं देना पड़ेगा। माता-पिता ने आपस में यही सलाह-मशविरा कर मेरी शादी कर दी।'

मैं हैरान थी सुनकर। फिर पूछा, 'तो तुम्हारी सौतन ने तुम्हारे साथ कभी बुरा व्यवहार नहीं किया? कैसे रहते हो तुम दोनों इकट्ठे?'

पर उसका जवाब, मुझे लाजवाब कर गया। बोली, 'नहीं मैम साहब! वो बहुत अच्छी हैं। मुझे बहुत प्यार करती हैं। मेरे बेटे को तो उन्होंने ही पाला-पोसा है। शादी के साल भर बाद ही मैं माँ बन गई। सास-ससुर के बरसों के अरमान पूरे कर मैंने बेटा जना, तो पूरे घर में खुशी की लहर दौड़ गई। सास-ससुर और बेटियों को तो खेलने के लिए जैसे खिलौना मिल गया।'

फिर वह फख्र से बोली-उनका वंश उजड़ने से बचा लिया मैंने। इसलिए उनकी नजर में मेरी अहमियत बढ़ गई। मैं घर

परिवार की चहेती हो गयी। बड़ी ने बच्चे के लालन-पालन की सारी जिम्मेदारी अपने ऊपर ले ली। पति भी खुश थे। उन्हें उसमें बुढ़ापे का सहारा नजर आने लगा। मैं हैरान थी सुनकर कि बेटा सौतेली माँ को माँ और अपनी माँ को छोटी माँ कहता, लेकिन छोटी के माथे पर कोई शिकन तक नहीं।

इधर अब सुकून मन में लिये सास-ससुर एक-एक कर स्वर्ग सिधार गए। दोनों बेटियों का विवाह भी यथायोग्य वर ढूँढ़कर कर दिया। बेटे की बारहवीं तक की पढ़ाई तो गाँव के पास ही हो गई, लेकिन वह कॉलेज पढ़ना चाहता था, जिसके लिये गाँव से रोज आना-जाना सम्भव नहीं था। घर की आर्थिक स्थिति भी बहुत अच्छी न थी।

वह बोली, 'बेटे ने पढ़ाई के साथ-साथ इसी रिजार्ट में सुबह-शाम का काम भी कर लिया, तो आगे की पढ़ाई सम्भव हुई। मालिक ने आउट हाउस में रहने को जगह दी तो वह बड़ी माँ को साथ ले आया।

कुछ दिन वह वहाँ पर रही, लेकिन सारी जिन्दगी गाँव में बिताने के बाद यहाँ का जीवन उन्हें रास न आया। बेटे को अकेले नहीं छोड़ना चाहती थी लेकिन मजबूरी में पति के पास वापस गाँव लौट गई और फिर मुझे यहाँ भेज दिया। मैम साहब! बेटा दिन में कॉलेज जाता है, मैं अकेली क्या करती? इसलिए छोटा-मोटा काम कर लेती हूँ।'

'तुम्हें बुरा नहीं लगता, तुम्हारा बेटा तुम्हें छोटी माँ और किसी और को माँ कहता है?' मैं अभी भी उसकी बात पचा नहीं पा रही थी।

'किस बात का बुरा मैम साहब! वह माँ ही तो है उसकी, और मैं छोटी हूँ, तो मुझे छोटी माँ ही तो कहेगा। बहुत प्यार करती है वो उसे।' और अपनी सौतन को याद कर उसकी आँखें

छल-छला आईं।

मैं हतप्रभ थी। उससे किसी तरह उगलवाना चाहती थी कि अपने पति और बच्चों के साथ दूसरी औरत को बाँटने का दर्द है उसे!

'तुम्हें कभी ऐसा नहीं लगता कि तुम अपने पति और बच्चे को दूसरी औरत के साथ बाँट रही हो?'

'दूसरी औरत तो मैं हूँ मैम साहब! मैं ही तो बाद में आई थी। लेकिन मुझे तो इस घर में इतना प्यार मिला कि मुझे कभी दूसरी होने का अहसास ही नहीं हुआ। दीदी तो देवी हैं।' और वह एक बार फिर भावुक हो गई।

मैं लाख कोशिश के बाद भी उसके अन्दर से स्त्रियोचित ईर्ष्या के कोई भाव नहीं पा सकी थी। कैसी औरत है ये जो अपने पति और बच्चे को दूसरी औरत के साथ बाँटने के बाद भी खुश है। कितनी विशाल हृदया है ये। एक मैं हूँ जो निशीथ को किसी और औरत के साथ बात करते भी देखती हूँ तो ईर्ष्या से सुलग उठती हूँ। किसी और के साथ निशीथ को बाँटने की तो सोच भी नहीं सकती।

मन ही मन उस अनपढ़ औरत से भी ईर्ष्या हो आई। बिना किसी तनाव के कितने सुकून की जिन्दगी बिता रही थी वह।

मुझे अपनी ही सोच में छोड़ वह सफाई कर कब बाहर निकल गई, मुझे पता भी नहीं चला। अचानक तन्द्रा टूटी। कितनी देर हो गई निशीथ को, अभी तक आये नहीं। बाथरूम की ओर झाँका, तो वहाँ कोई न था।

मैं दरवाजा खोलकर बाहर निकल आई। लॉन पर नजर गई तो देखा निशीथ फिर किसी महिला के साथ बतियाने में मस्त थे।

गुस्से में जोर से दरवाजा बन्द कर मैं अन्दर चली आई।

थोड़ी देर पहले ही मिली उस विशाल हृदया महिला की सीख सब दिल-दिमाग से उड़ गयी। याद था तो सिर्फ निशीथ का किसी अजनबी महिला से हँस-हँस कर बातें करना। मन फिर कड़वाहट से भर गया था।

आतंक

रात के सन्नाटे को तोड़ती गोलियों की आवाज आई तो महक चीख उठी–'प्रखर ऽ ऽ ऽ। मुझे उसके पास जाने दो प्लीज।' सुरक्षाकर्मियों का घेरा तोड़ महक ने उस ओर निकल-भागने की कोशिश की जिधर से गोलियों की आवाज आई थी। किन्तु सुरक्षा कर्मियों ने उसे वहीं पर रोक लिया।

'पागल हो गई हैं आप? होटल पर आतंकवादियों का कब्जा है। आपके पति होटल के किसी कोने में सुरक्षित होंगे। आप हमारी परेशानियाँ और मत बढ़ाइये।' एक सुरक्षाधिकारी ने समझाने के साथ-साथ महक को थोड़ा झिड़क भी दिया, तो उसकी आँखें भर आईं।

अभी दस दिन पूर्व ही तो विवाह की डोर में बँधे थे वे। और दो दिन पहले ही वे घूमने मुम्बई आए थे। कल सुबह उन्हें

गोवा के लिये निकलना था कि तभी यह हादसा हो गया।

दिन भर वह घूमे और ढेर सारी शॉपिंग की। अँधेरा घिरने पर एक हाथ में शॉपिंग बैग और दूसरा हाथ प्रखर के हाथ में डाले महक होटल में दाखिल हुई।

लिफ्ट से चढ़कर वह ज्यों ही तीसरे माले पर पहुँचे, तो अचानक एक धमाका सा हुआ। हड़बड़ी में प्रखर दो-तीन लोगों के साथ लिफ्ट से बाहर निकल आया और जब तक वह सँभलता, लिफ्ट महक और अन्य लोगों को लेकर नीचे उतर चुकी थी।

होटल में बदहवासी का आलम था। जितने मुँह उतनी बातें। कोई कहता आतंकवादियों ने हमला किया है, तो कोई कहता होटल के एक कोने में बम फट गया है।

निचले माले पर आकर जैसे ही लिफ्ट रुकी, सुरक्षाकर्मियों ने सबको अपने घेरे में ले लिया।

'कोई इधर-उधर नहीं जायेगा। होटल में आतंकवादी घुस आये हैं। आप सब लोग हमारे साथ चलिये।' और उन्होंने सभी लोगों को सामने वाले हॉल में चलने का इशारा किया।

'लेकिन मेरे पति? वो तो ऊपर ही छूट गये हैं। मैं उनके बिना...।'

'वहाँ उनका ध्यान रखने के लिये और लोग हैं। आप चलिये हमारे साथ।' महक को बीच में ही टोकते हुए एक आफिसर ने कड़े स्वर में कहा।

जिस हॉल में महक को ले जाया गया, वहाँ पहले से भी कुछ लोग जमा थे। होटल के ओने-कोने से लोगों को बचा कर वहाँ लाया जा रहा था। महक की निगाहें हर आने वाले में प्रखर को ढूँढ़ती। आ तो नहीं गया! पर हर बार निराशा ही हाथ लगती।

वहाँ मौजूद कुछ लोग जो परिवार सहित हॉल में थे, अपने

आप को सौभाग्यशाली समझ रहे थे। तो कुछ ऐसे भी थे जो अपनों से बिछुड़कर छटपटा रहे थे।

वहाँ मौजूद लोगों की निगाहें बरबस महक की ओर उठ जाती। दोनों हथेलियों पर सूर्ख मेहंदी। चूड़ियों से भरे हाथ, माथे से आरम्भ हुई सिंदूर की लाली जो बालों में जाकर कहीं खो गई सी लगती थी। ये सभी उसकी नई-नई शादी की गवाही दे रहे थे। इसलिए भी वह सहानुभूति का पात्र बनी थी।

एक डेढ़ घण्टे की बदहवासी के बाद उसे अचानक ध्यान आया। पर्स खोलकर मोबाइल टटोलने लगी। आपाधापी में वह तो भूल ही गई कि वो प्रखर को फोन भी कर सकती है।

'देखो, प्रखर का मैसेज आया है' इतनी जोर से वह चिल्लाई कि बाहर खड़े सुरक्षा कर्मी भी घबराकर उसकी तरफ लपके।

'मैं एक कमरे में छुपा हूँ। सामने दो आतंकवादी नजर आ रहे हैं। फोन मत करना, बात नहीं कर पाऊँगा। अगर तुम्हारे पास कोई सुरक्षाकर्मी है तो उन्हें बताओ।'

संदेश पढ़ते ही वह फिर चिल्लाई, 'प्रखर को बचा लो प्लीज। वह एक कमरे में छिपा बैठा है। ये देखो उसका मैसेज।'

अभी पहला संदेश पढ़ा ही जा रहा था कि प्रखर का दूसरा संदेश भी आ गया।

'इनके और लोग भी यहाँ आ गए हैं। मेरे सामने ही दो लोगों को गोली मार दी गई है। अगर तुम तक मेरा यह संदेश पहुँच रहा है, तो किसी से सम्पर्क कर मुझे बचा लो।'

यह संदेश पढ़ते ही महक की बेचैनी और बढ़ गई। 'वहाँ वे लोगों को मार रहे हैं, मेरा प्रखर...! नहीं, मुझे रोको मत, मुझे जाना है। उसी जगह जहाँ पर लिफ्ट से प्रखर बाहर निकला था।'

सुरक्षाकर्मियों के समझाने और सलाह देने का उस पर कोई

असर नहीं हुआ। उसकी सिर्फ एक ही रट थी, प्रखर कहाँ है? सुरक्षाकर्मी इस बाबत मौन थे। खुद प्रखर भी नहीं बता पा रहा था, वह कहाँ है। बस वह इतना ही बता पाया कि बदहवासी में वहाँ जो कमरा खुला नजर आया, वह उसमें जाकर छुप गया। उसे इस बात की खुशी थी कि महक सुरक्षित है और महक को इस बात की चिन्ता कि प्रखर आतंकवादियों से घिरा है।

कुछ देर तक प्रखर और महक के बीच संदेशों का आदान-प्रदान चलता रहा, लेकिन फिर संदेश आने भी बन्द हो गये। सुरक्षा की दृष्टि से नेटवर्क जाम कर दिया गया था। आखिरी संदेश में फिर प्रखर की वही याचना थी, 'मुझे इन आतंकवादियों से बचा लीजिए, अन्यथा ये लोग मुझे मार डालेंगे।'

महक की बेचैनी बढ़ती जा रही थी। वह कभी सुरक्षाकर्मियों से बात करती, तो कभी प्रखर के पास जाने की जिद पर उतर आती। आखिरकार हताश होकर वह हॉल के एक कोने में पड़ी कुर्सी पर निढाल पड़ गई।

वहाँ मौजूद लोगों ने उसे समझाने की लाख कोशिश की किन्तु वह 'प्रखर-प्रखर' ही चिल्लाती रही।

यूं ही पूरी रात कट गई। रुक-रुककर गोलियों की आवाज आती, तो महक चौंक पड़ती। रो-रोकर उसकी आँखें सूज गई थीं। सूखे होठों पर पपड़ियाँ जम गई थीं। लेकिन अभी तक आतंकवादियों के पकड़े जाने और यहाँ से सुरक्षित बच निकलने के कोई आसार नजर नहीं आ रहे थे।

दोपहर दो बजे के करीब सूचना मिली कि होटल को मुक्त करा लिया गया है। लोग बाहर निकलने लगे और महक भी बाहर निकल आई। वहाँ लोग अपने बिछुड़े सगे-संबंधियों की प्रतीक्षा में खड़े थे। महक की निगाहें तो बस प्रखर को ढूंढ़ रही थीं, लेकिन वह अभी तक नहीं आया था।

इसी बीच घोषणा हुई, 'हमें भारी अफसोस है, कुछ लोगों को हम इन वहशियों के हाथों से बचा नहीं पाये। इनके पार्थिव शरीर अंदर हाल में रखे गये है। कृपया आकर पहचान कर लें।'

महक ने घोषणा सुन कर भी अनसुनी कर दी। उसका प्रखर अभी आ रहा होगा। लेकिन जब बहुत देर हो गई, तो उसका धैर्य जवाब देने लगा। धीरे-धीरे उसने भी बेमन से कदम हाल की ओर बढ़ाये। मुँह सूख रहा था। धड़कनें बढ़ गईं और पैर कँपकँपाने लगे।

अंदर का नजारा देख उसके रोंगटे खड़े हो गए, लम्बी कतार में जमीन पर लिटाये पड़े शव। कलेजा चीर डालती चीख-पुकार। कुछ की शिनाख्त तो होने पर संबंधी रोने-धोने में लगे थे। कुछ बदहवासी में शवों के आने की इंतजारी में थे।

'मेम साहब, हटिये...' तभी पीछे से किसी ने आवाज दी। दो लोग एक शव लिये आ रहे थे।

किनारे हटते हुए महक ने एक उड़ती सी निगाह उस ओर डाली। देखते ही वह सन्न रह गई। आवाज जैसे गुम हो गई। वह वहीं जड़वत् खड़ी रह गई।

वह फुसफुसाई, प्रखर? हाँ वही तो था वो। सीने पर घाव का निशान, कपड़े खून से लथपथ। सलीके और सुरुचिपूर्ण व्यक्तित्व का धनी उसका प्रखर स्ट्रेचर पर निढाल पड़ा था। वह एकटक उसे देखती रह गई।

पैरों ने जवाब दे दिया, तो वह जहाँ खड़ी थी, वहीं बैठ गई। इस भीड़ और अफरा-तफरी के माहौल में बिल्कुल गुमसुम। मानो सोच रही हो उसने और उसके प्रखर ने ऐसा क्या अपराध कर दिया, जो आतंकियों ने उसका सुहाग छीनकर जीते जी उसे भी मार डाला!

महान कौन?

पहले शायद ही कभी ऐसा हुआ हो कि सुबह के नौ बज जाएँ और मैं घर पर ही होऊँ। कभी-कभार तो चौकीदार सुबह उठा भी नहीं होता था और मैं फैक्ट्री पहुँच जाता था। मेरे बाद आने वालों में होता शशांक। वह भी मेरी तरह बेचैन आत्मा था। जितना समय मिलता, फैक्ट्री के कामों में ही गुजरता। आज पहली बार मन इस बोझ से मुक्त था। अब इस तरह खटना नहीं पड़ेगा। ऊपर से जितना चाहो उतना प्रोडक्शन और क्वालिटी भी बढ़िया। मशीनों की बिल्टी छुड़वाते, उन्हें अंदर सम्भालते रात देर हो गई। सुबह साफ-सफाई, मशीनें लगवाते समय लग जायेगा। इसलिए सोचा तब तक सब तैयार रहेगा। पूजा-पाठ कर प्रभु स्मरण के साथ काम शुरू कर देंगे। तैयार हो ही रहा था कि फोन बज उठा-

'सर! जो मशीनें विदेश से मँगवाई थीं, उनमें से एक मिल

नहीं रही है।'

फोन पर फैक्ट्री मैनेजर बड़ी घबरायी आवाज में बोला।

फोन रख मैं तुरंत फैक्ट्री की ओर रवाना हो गया।

रास्ते भर सोचते रहा, ये क्या हो गया। उत्पादन बढ़ाने और माल की गुणवत्ता की बेहतरी के लिए मैं बहुत समय से विदेशी मशीनें मँगवाने की सोच रहा था, किन्तु इसकी व्यवस्था नहीं कर पा रहा था।

बैंक से कर्जा-पानी कर किसी तरह चार मशीनें आर्डर कर दीं। ये कल ही पहुँची थीं। छोटी सी मशीनें लेकिन एक-एक की कीमत पच्चीस लाख रुपये। मंशा ये थी कि ये लग जाएँगी, तो अपना मुनाफा भी अच्छा-खासा होने लगेगा।

पर अचानक ये क्या मुसीबत आ गई! इन मशीनों के बारे में तो और किसी को कानों-कान खबर भी नहीं थी। फिर कल रात फैक्ट्री से आते वक्त मैनेजर को कह भी आया था कि किसी को अभी इस बारे में बताने की जरूरत नहीं। पहुँचते ही मैंने पूछा–

'किसको दी थीं मशीनें रखने को?'

सर! शशांक को ..., उसके बाद से मेरे ही पास थी। अपराध बोध भरे भाव से मैनेजर ने यूँ कहा, मानो वह इसके लिए खुद को दोषी समझ रहा हो।

पर शशांक तो बहुत मेहनती और ईमानदार लड़का है, मैनेजर कई बार उसकी बहुत तारीफ कर चुका है। यह सब सोचने के बावजूद मन के शक की सुई शशांक पर ही जाकर अटक जाती है। मैंने पूछा–

'शशांक की घर की हालत कैसी है?'

'सर उसकी पत्नी पिछले कई महीनों से बीमार है। कई जगह इलाज करा दिया। काफी पैसा लग गया। सुना है कर्जा भी

बहुत हो गया है। पर सुधार नहीं हो रहा है। इधर तो वह रात-रात ओवर टाइम में भी लगा रहता है। बाकी मुझे नहीं मालूम।'

'शशांक पर नजर रखो और उसके बारे में और जानकारी इकट्ठी करो। मेरा मन कहता है, एक दो दिन में चोर पकड़ा जायेगा और पुलिस बुलाने की जरूरत भी नहीं पड़ेगी।'

हुआ भी यही। दो दिन बाद ही अचानक मैनेजर का फोन आया कि मशीन अपनी जगह पर रखी हुई है। बाकी शशांक के बारे में जो जानकारी उसने इस बीच जुटाई थी, मेरे सामने रख दी।

उसने बताया, शशांक की पत्नी दो साल पहले गम्भीर रूप से बीमार पड़ी। तब उसकी शादी को साल भर ही हुआ था। यहाँ इलाज नहीं हो पाया तो वह उसे दिल्ली ले गया। वहाँ खर्चा काफी था। यहाँ तक कि उसे अपना वह छोटा सा जमीन का टुकड़ा भी बेचना पड़ा। जो उसने पाई-पाई जोड़ बड़ी मेहनत से खरीदा था।

जैसे-तैसे पत्नी बच तो गई, किन्तु उसके इलाज में अब भी हर महीने बीस से पच्चीस हजार खर्चा आता है। तब से उसका यही मकसद रह गया है कि बस किसी तरह उसकी पत्नी ठीक हो जाये।

वह दिन-रात मेहनत में लगा रहता है। अब तो दो कमरों का मकान छोड़ एक कमरे में ही गुजारा कर रहा है। जो भी जमा पूंजी थी सब खत्म हो चुकी है।

'अब तुम क्या कहते हो? शशांक को नौकरी पर रहने दें या निकाल दें।' मैने मैनेजर से पूछा-

अचानक मेरा यह सवाल सुनकर वह हड़बड़ा गया। कुछ देर सोचता रहा। उसकी भाव-भंगिमा से जाहिर था कि उसे मेरा यह सवाल अच्छा नहीं लगा। फिर बोला-

'सर! शशांक है तो बहुत मेहनती और ईमानदार। फिर उसके काम से हमें खासा-फायदा भी हुआ है।'

इतना कह वह चुप हो गया। मुझे लगा, वह शशांक की पैरवी कर रहा है। मेरी सवालिया दृष्टि देख वह आगे बोलने का साहस नहीं जुटा पाया।

'सर! लेकिन अब उसकी हालत ऐसी है कि वह कभी कुछ भी कर सकता है। ऐसी स्थिति में...।' मैं उसकी बात खुद ही समझ जाऊँगा ये सोच उसने अपनी बात अधूरी छोड़ दी। उसके चेहरे से साफ जाहिर था कि यह सब कहते हुए उसे अच्छा नहीं लग रहा था।

पर शशांक के बारे में कोई फैसला लेने से पहले मैं उससे एक बार मिलना चाहता था।

अगले ही दिन मैंने उसे अपनी केबिन में बुलावा भेजा और चपरासी को कह दिया कि जब तक मैं न कहूँ किसी को अन्दर न भेजे।

शशांक के काम-काज और फैक्ट्री की नई मशीनें आदि के बारे में बतियाने के बाद मैंने अपने स्वभाव के विपरीत उसके घर-परिवार की कुशल-क्षेम भी पूछ डाली।

पत्नी की बीमारी के बारे में बताते हुए उसकी आँखें भर आईं।

'सर! बहुत गरीब परिवार से है वो, अब तक जितनी मदद मेरे माता-पिता और रिश्तेदार कर सकते थे उन्होंने की, जी-तोड़ मेहनत करता हूँ तब कहीं जाकर उसके इलाज का खर्च उठा पाता हूँ।

'डॉक्टर क्या कहते हैं? कब तक ठीक होगी वह?'

'सर, दो साल और इलाज चलेगा, पर मैं उसे इलाज के अभाव में दम तोड़ते नहीं देख सकता। मेरा एक मात्र ध्येय अब

उसकी जिन्दगी बचाना है। देखा ही क्या है उसने अभी।' और वह बच्चों की तरह सिसक-सिसक कर रोने लगा।

पानी का गिलास उसकी ओर बढ़ाते हुए सामान्य होने के बाद मैंने उसे बाहर भेज दिया।

शशांक की ये सारी बातें सुनकर मैं अंदर तक हिल गया। एक साधारण सी नौकरी करने वाला इंसान जिसका अभी उस औरत से जुम्मे-जुम्मे साल भर का ही रिश्ता है, वह उसके लिए अपना सब कुछ दाँव पर लगा चुका है। कितना गजब का इंसान है वह। पत्नी के लिए उसके दिल में इतना प्यार है! मगर फिर भी ईमानदार है।

अगर वह चाहता, तो उस मशीन को बेचकर उसके इलाज का दो वर्ष का खर्च आसानी से जुटा सकता था, लेकिन इस सब के बावजूद उसने मशीन चुपचाप फिर वहीं रख दी।

मैंने तुरंत ही मैनेजर को बुलाया।

'अभी एक पत्र टाइप करो, कि शशांक को इन चारों मशीनों के डिवीजन का इन्चार्ज बनाया जाता है और उसके पद के अनुसार वेतन भी निर्धारित कर दो। साथ ही उसके रहने का इन्तजाम फैक्ट्री परिसर में ही हो सके तो ठीक अन्यथा उसके मकान का किराया भी कम्पनी से ही करवा दो। इस पर मुझसे अभी हस्ताक्षर करवा लो।'

यह सुनते ही अवाक् हो मैनेजर मेरा मुँह देखता रह गया। पर इस सब की खुशी उसके चेहरे से साफ झलक रही थी।

मैं खुश था और अन्दर ही अन्दर अपने आप को गौरवान्वित महसूस कर रहा था कि मैंने किसी की मदद की।

कुछ दिनों बाद रविवार का दिन था। मैं लॉन में बैठा सुबह की धूप का आनन्द ले रहा था कि चौकीदार ने बताया कि कोई शशांक नाम का व्यक्ति मुझसे मिलना चाहता है।

शशांक ने आते ही मेरे पैर छुए और पदोन्नति के लिए दिली आभार जताया। फिर बोला-

'सर मैं आपसे कुछ कहना चाहता था, इसलिए घर चला आया।' और इसके बाद उसने अपनी आपबीती का एक और अध्याय शुरू कर दिया।

'सर आप देवता हैं। आपने मेरी परिस्थितियों को देखते हुए मेरी इतनी बड़ी मदद की, एक मैं हूँ जो आप के साथ ही विश्वासघात कर रहा था।'

मैं समझ रहा था कि शशांक अब क्या कहने वाला है। वह शायद मशीन चोरी की बात कबूलेगा। मैं मन ही मन एक बार फिर अपने आप को महान समझने लगा कि उस घटना के बाद भी मैंने उसे नौकरी से नहीं निकाला, बल्कि उल्टा प्रमोशन भी दे दिया।

वह बोला, 'सर, मैं मशीन घर ले तो गया किन्तु मेरी आत्मा मुझे धिक्कार रही थी। जबकि दिमाग कहता, कि मैंने कुछ बुरा नहीं किया। इस मशीन को बेचकर मैं अपनी पत्नी के रुप में एक जीते जागते इंसान को जीवनदान दे सकता था। लेकिन सर घर पहुँचते ही पत्नी का चेहरा देखकर मेरा हृदय परिवर्तन हो गया। ये मैं क्या कर रहा था? अभी तक इतनी मेहनत की, तभी तो वो जिन्दा थी। डॉक्टर कहते थे कि दवाइयाँ असर कर रहीं हैं और वह ठीक हो जायेगी। मेहनत की कमाई में बहुत बरकत होती है। मन ने धिक्कारा, जिस थाली में खाया उसी में छेद करने जा रहा था। इस पाप की कमाई से वो नहीं बचती सर। इसलिए अगले दिन फिर मशीन वहीं वापस रख आया, मन पर बहुत बड़ा बोझ था। आप को बता दिया अब हल्का महसूस कर रहा हूँ। अब आप मुझे जो चाहें सजा दें। इतना कहकर वह चुप हो गया।

मैंने उसे यह जाहिर ही नहीं होने दिया कि मुझे पता है,

मशीन चोरी हुई और उस पर शक भी किया। पर महानता का जो भूत मेरे ऊपर सवार हुआ था वो उसकी बातें सुन उफनाये झाग की तरह उतर आया। कितना महान है यह लड़का, जो इन विकट हालातों में भी हाथ आई लक्ष्मी ठुकराने पर आमादा है। अपनी ईमानदारी बरकरार रखे है। यह जानते हुए भी कि वह सच उगल देगा तो उसकी नौकरी चली जायेगी। फिर भी उसने अपनी आत्मा का बोझ उतार कर ही दम लिया। अन्तःकरण की इतनी शुद्धता कहाँ मिलेगी!

मुझे चुप देख शशांक बोझिल कदमों से वापस जाने लगा। वह आश्वस्त था कि इतना सब होने के बाद तो अब उसकी नौकरी नहीं रहेगी।

'शशांक!' इससे पहले कि वह कोई कदम उठाये, मैंने उसे आवाज दी। वह मुड़ा, पर बहुत ही सकपकाया सा।

मैंने उसे ढाढस बधाया–'शशांक, जो हुआ उसे भूल जाओ, किसी और से भूल कर भी इसका जिक्र मत करना। तुम पहले की तरह ही फैक्ट्री आते रहोगे।'

यह सुनते ही शशांक ने एक बार फिर मेरे पैर छू लिए और बोला–

'आप महान हैं सर, आपने मुझे बचा लिया।'

पर मैं सोच में पड़ गया, महान कौन है, शशांक या मैं? दुरुस्त हालातों में कोई भी महान, ईमानदार हो सकता है, लेकिन विषम और विपरीत परिस्थितियों में इन गुणों का बने रहना ही सच्ची महानता है और मेरी नजर में वही महान है।

सम्पत्ति

आज ऑफिस से लौटते ही सोफे पर निढाल सा पड़ गया सुहास। डेढ़ घण्टा बस में खड़े-खड़े टाँगें दुखने लगी थीं। कुछ देर आँखें मूँद सोफे पर ही लेट जाना चाहता था वह। सौम्या ने चाय बनाई और कुछ लिफाफे भी सामने सरका दिये उसने।

'तीन चार चिट्ठियाँ आई हैं आपकी।' वह बोली–

सिर उठाकर उसने एक सरसरी निगाह लिफाफों पर डाली।

बैंक की मोहर लगे एक खाकी लिफाफे को देख उसे जैसे करंट लग गया हो। वह उठ बैठा। लपककर उसने लिफाफा उठा लिया, फिर चोर नजरों से सौम्या की ओर देखने लगा। सौम्या का चेहरा निर्विकार था।

सुहास का अंदेशा ठीक निकला, बैंक का नोटिस था यह। पिछले तीन माह से वह आवास ऋण की किश्तें नहीं दे पाया था।

उसके पुराने रिकार्ड को ध्यान में रखते हुए पत्र की भाषा तो संयत थी लेकिन इसके बाद क्या हो सकता है सुहास इससे अनभिज्ञ नहीं था। किस तरह उसने यह मकान जोड़ा था, यह वही जानता था।

कंप्यूटर प्रशिक्षण के बाद पन्द्रह वर्ष पूर्व नौकरी की तलाश में वह दिल्ली चला आया था। प्राइवेट कम्पनी में नौकरी लगने के दो वर्ष उपरान्त ही सौम्या से उसका विवाह हो गया। सौम्या अपने नाम के अनुरूप ही गुणवती थी। सुहास की छोटी सी तनख्वाह में ही उसने घर गृहस्थी का कुशल प्रबन्धन कर लिया था।

धीरे-धीरे परिवार भी बढ़ता गया और सुहास की तनख्वाह भी। बच्चों के बड़े होने के उपरान्त खाली समय में सौम्या ने पड़ोस के बच्चों को ट्यूशन पढ़ाना शुरू कर दिया। इससे सुहास का थोड़ा हाथ बँट जाता था।

दिल्ली जैसा शहर। तनख्वाह का बड़ा हिस्सा किराये में ही निकल जाता। धीरे-धीरे सुहास ने अपने घर का सपना सँजोना शुरू किया। दस-बारह साल की जमा-पूँजी और बैंक से कर्जे का जुगाड़ कर उसने सातवें माले पर दो कमरे का फ्लैट खरीद लिया।

तब से अब तक सब कुछ ठीक चल रहा था, लेकिन इधर मंदी का दौर शुरू हुआ, तो अमेरिका के बड़े बैंकों ने अपने आप को दिवालिया घोषित कर दिया। अमेरिका की इस मंदी को भारत की छोटी-छोटी कम्पनियों ने खूब भुनाया।

मंदी के नाम पर कर्मचारियों की छँटनी, वेतन कटौती आम बात हो गई थी। सुहास की कम्पनी भी इससे अछूती न रही। मंदी के बहाने कुछ लोगों को बाहर का रास्ता तक दिखा दिया गया। सुहास भाग्यशाली था कि पिछले पन्द्रह वर्षों से वह एक ही

कम्पनी में काम कर रहा था। उसकी निष्ठा और लगन को देखते हुए उसे निकाला तो नहीं गया, लेकिन वेतन में लगभग 40 प्रतिशत की कटौती कर दी गई। सुहास के पैरों तले जमीन खिसक गई। घर में सभी को आमदनी के हिसाब से खर्च करने की आदत पड़ गई थी। अब इसमें कटौती कैसे हो पाएगी, यह सुहास की समझ से परे था।

इस सम्बन्ध में सुहास ने सौम्या को भी कुछ नहीं बताया। घर के खर्चों में तो कोई अन्तर नहीं आया लेकिन तीन माह से सुहास आवास ऋण की किश्तें नहीं दे पाया था।

आज तो सौम्या ने बैंक के लिफाफे को नहीं देखा, लेकिन कल अगर कानूनी नोटिस आता है तो सौम्या से कैसे छिपा पायेगा। जिस घर की दीवारों से उसे इतना लगाव, इतना अपनापन है, वो कभी छिन गया तो फिर क्या होगा!

इसी उलझन में पड़ा वह कोई न कोई जुगत निकालने की तलाश में लगा रहता। फ्लैट बेच भी नहीं सकता। फिर दूसरा ठौर तलाशना होगा, किराया तो देना ही पड़ेगा।

सुहास को वह दिन याद आ गया, जब पहली बार वह सौम्या और बच्चों को फ्लैट दिखाने लाया था। कितने खुश थे सब, घर की दीवारों के रंग से लेकर उसकी सजावट सब वहीं तय हो गया था।

बच्चे खुश थे कि अब उन्हें खेलने से कोई नहीं रोकेगा, वरना किराये के घर में तो हमेशा मकान मालिक की चख-चख सुनते रहो।

बहुत सोच-विचार के बाद भी सुहास को जब कोई रास्ता नहीं सूझा, तो अन्ततः उसने फ्लैट बेचने का ही मन बना लिया। बैंक का ऋण चुकता करने के बाद कुछ पैसा बच जायेगा। एक-दो वर्ष का किराया तो निकल ही जायेगा। फिर हमेशा तो

ये मंदी रहनी नहीं। कुछ समय बाद परिस्थितियाँ बदलेंगी तो देख लेंगे।

सौम्या को वह समझा देगा और सौम्या बच्चों को। ये सोचकर उसने अगले ही दिन किसी प्रॉपर्टी डीलर से बात चलाने का फैसला किया।

सुबह ऑफिस निकलते हुए उसने घर की दीवारों पर गौर से नजरें डालीं, मानो उन्हें आँखों में समा लेना चाहता हो।

'कोई अच्छा प्रॉपर्टी डीलर है तेरी नजर में' ऑफिस में अपने घनिष्ठ मित्र दीपक से सुहास ने पूछा। दीपक के कारण जानने पर न चाहते हुए भी सुहास को सब कुछ बताना पड़ा।

'तेरी भाभी और बच्चों से कैसे निगाह मिला पाऊँगा, समझ नहीं आता, लेकिन कोई और चारा भी तो नहीं।' उसके स्वर में हताशा थी।

'लेकिन सुहास, आजकल मंदी के इस दौर में तुझे फ्लैट की कीमत भी सही नहीं मिलेगी। अब्वल तो तुझे खरीददार ही नहीं मिलने वाला और कोई मिल भी गया, तो तेरी मजबूरी का फायदा उठाने की कोशिश करेगा। फिर भी मैं देखता हूँ क्या हो सकता है।' दीपक ने उसे वस्तुस्थिति बताते हुए भरोसा दिलाया।

दो तीन दिनों बाद सुहास को एक कोने में ले जाकर दीपक चुपके से बोला, 'यार, मैं एक डॉक्टर को जानता हूँ...अपनी किडनी बेच सकता है तू।'

यह सुन सुहास का मुँह खुला का खुला रह गया। क्या जबाब दे, उसकी समझ में नहीं आया। दीपक ने क्या कहा जैसे उसे सुनाई ही नहीं दिया।

'तुम एक किडनी पर भी जी सकते हो। एक छोटा सा ऑपरेशन। किसी को पता भी नहीं चलेगा। दो तीन दिनों में घर आ जाओगे। भाभी से कह देना, टूर पर जा रहे हो।' दीपक कहे जा रहा था लेकिन कहीं खोया सा सुहास कुछ सुन रहा था कुछ नहीं।

'इसके अलावा कुछ और नहीं हो सकता?' सुहास को अपनी आवाज ही कहीं दूर से आती लगी।

जवाब मिला, 'और क्या है तेरे पास बेचने के लिये, इसको बेचकर इतना पैसा तो मिल ही जायेगा कि तू मकान के ऋण के डेढ़ दो वर्ष का एकमुश्त पैसा जमा कर सके। तब तक स्थिति सुधर जायेगी।'

'क्या इतना पैसा मिल जाएगा कि डेढ़ दो वर्षों की ऋण की किश्त चुका सकूं।' सुहास बोला।

'हाँ क्यों नहीं, इस धन्धे में मंदी नहीं है मेरे यार।' दीपक विद्रूप हँसी हँसा।

'चलो, सोचकर बताऊँगा।' कहकर सुहास घर की ओर चल पड़ा।

अपनी ही सोच में डूबा सुहास घर पहुँचा, तो सौम्या और बच्चे उत्साह से भरे थे।

'कल आपकी छुट्टी है। बहुत दिनों से बाहर नहीं निकले हैं। बच्चे भी जिद कर रहे हैं। घर के लिये कुछ खरीददारी भी हो जायेगी।' सौम्या ने चाय का कप सुहास की ओर बढ़ाते हुए कहा।

'क्या शॉपिंग करनी है, मुझे भी तो पता चले,' सुहास ने अपने मन की ऊहापोह सौम्या के सामने जरा भी जाहिर नहीं होने दी।'

'परदे पुराने हो गये हैं। घर की दीवारों से मैच भी नहीं करते। सोच रही हूँ बदल डालूँ।'

तभी दोनों बच्चे भी आकर सुहास के दोनों ओर बैठ गए।

'पापा, हमें भी अपने लिये कुछ लेना है। बाजार में बहुत अच्छे-अच्छे पोस्टर आए हैं। हम घर को अच्छी तरह सजायेंगे। नया सा लगेगा फिर से।' बच्चों का उत्साह देखते ही बनता था।

'ठीक है तो कल हम सब बाजार चलेंगे, लेकिन अभी तुम

दोनों पढ़ाई करो।' बच्चे खुश होकर अपने कमरे की ओर दौड़ पड़े। सुहास रात को बिस्तर पर लेटा तो नींद नदारद थी। पूरी रात करवटों में कट गई।

सौम्या और बच्चे जिस उत्साह से घर को सजाने-सँवारने की तैयारी कर रहे थे, उस घर को वो बचा भी पायेगा या नहीं।

बार-बार दीपक का सवाल कानों में गूँज उठा-'किडनी बेचेगा अपनी?'

एक मन कहता, हाँ कह दे, लोग एक किडनी से भी तो काम चलाते हैं।

दूसरा मन सोचता कि यदि बाद में कभी उसकी किडनी खराब हो गई तो क्या होगा?

'लेकिन इसकी संभावना बहुत कम है।' सुहास मन ही मन अपने आपको दिलासा दे रहा था।

अगले दिन बच्चों के साथ बाजार और पार्क में बीत गया। बच्चों की पिकनिक भी हो गई थी।

सौम्या घर आकर परदों को दीवारों से लगाकर देख रही थी तो बच्चे पुरानी पेंटिंग्स व पोस्टर निकाल कर उनकी जगह नई लगाने में व्यस्त।

'अपना घर तो अपना ही होता है। हर समय उसे सजाते-सँवारते रहने का मन करता है।' सौम्या परदों की तह बनाते हुए बोली।

'हाँ! ये बात तो है' सुहास ने भी उसकी हाँ में हाँ मिलाई।

दिन भर के घटनाक्रम ने सुहास का निर्णय लेना आसान कर दिया था।

अगले दिन सोकर उठा, तो सुहास अपने आप को हल्का महसूस कर रहा था।

'सौम्या! मैं तुमसे कुछ कहना भूल गया, एक दो दिन में शायद मुझे ऑफिस के काम से बाहर जाना पड़े। मेरा सूटकेस

तैयार कर देना।' सौम्या उसके चेहरे के भाव पढ़ पाए इससे पहले ही सुहास तेजी से निकल गया।

अपने घर और परिवार की खुशियाँ बचाने के लिए अपनी 'निजी' सम्पत्ति बेचने के अलावा और कोई चारा नहीं था उसके पास।

दर्द

जैसे-तैसे सुचित्रा की आँख लगी तो बड़ी राहत की साँस ली डॉक्टर आलोक ने। रात का एक बज रहा था। बाहर सन्नाटा था, कहीं दूर से कुत्तों के भौंकने की आवाज ही बीच-बीच में नीरवता भंग कर रही थी। इस बीच उन्हें लगा जैसे कुत्ता रो रहा हो। बचपन की याद हो आई जब दादी कहती थी कुत्ते का रोना अशुभ होता है।

लेकिन यहाँ तो सब ठीक है। बहुत दिनों बाद आज सुचित्रा चैन की नींद सो रही है। दर्द की कोई शिकन भी चेहरे पर नहीं दिख रही। शान्त स्निग्ध चेहरा। डॉ. आलोक सुचित्रा के सिरहाने बैठ उसका सिर सहला रहे थे, साथ ही यह भी ध्यान रखे थे कि कहीं उसकी नींद न खुल जाए।

उन्हें तीस वर्ष पूर्व की सुचित्रा याद आ गई। जब वह

नई-नई दुल्हन बन कर आई थी। हमेशा मुस्कराती रहती। घर परिवार को खुशियों से भर दिया था उसने।

आलोक शहर के ही सिविल अस्पताल में डॉक्टर थे और घर में माता-पिता के अलावा एक छोटी बहन थी सौदामिनी। आलोक अपनी व्यस्तताओं के चलते सुचित्रा को अधिक समय नहीं दे पाते, लेकिन उसने कभी इस बात को लेकर शिकायत नहीं की।

ननद सौदामिनी और सुचित्रा में खूब पटने के कारण समय कब बीत जाता, उसे पता भी न चलता।

दो साल बाद सौदामिनी का विवाह हो गया। इधर तब तक सुचित्रा की गोद में कपिल आ चुका था। अब वह उसके लालन-पालन में व्यस्त रहने लगी।

डॉ. आलोक का अस्पताल में बड़ा नाम था। सब कहते, उनके हाथ में जादू है, व्यवहार इतना मृदु कि आधा तो मरीज वैसे ही ठीक हो जाता।

प्रसिद्धि के साथ-साथ आलोक की व्यस्तता भी बढ़ने लगी। कपिल ने स्कूल जाना शुरू कर दिया तो सुचित्रा ने आलोक से कहा, क्यों न वह अब पीएच०डी० ही कर ले। विवाह पूर्व उसने हिन्दी में एम.ए. किया था। आलोक ने सहर्ष हामी भर दी। फिर एक अपराधबोध भी था मन में कि वह सुचित्रा को समय नहीं दे पाता।

समय तेजी से बीत रहा था। सुचित्रा पीएच०डी० पूरी कर स्थानीय डिग्री कालेज में पढ़ाने लगी। कपिल एम.बी.बी.एस. कर रहा था। आलोक अपनी ही तरह उसे भी डॉक्टर बनाना चाहते थे।

इसी दौरान आलोक की पदोन्नति हो गई और तबादला भी। वृद्ध सास-ससुर के बाद अब वह और भी अकेली हो गई।

कुछ ही समय बाद कपिल अपना एम.बी.बी.एस. पूरा कर

लौट आया तो सुचित्रा की खुशी का ठिकाना न रहा।

'अब तो घर में दो-दो डॉक्टर हैं। बीमारी को भी अन्दर आने से पहले दस बार सोचना होगा।' सुचित्रा ने चुटकी ली।

'अभी इतना खुश होने की जरूरत नहीं है मैडम! कपिल अभी पूरा डॉक्टर नहीं बना, एम.डी. के लिये मैं इसे अमेरिका भेजना चाहता हूँ।' डॉ. आलोक बोले।

कुछ ही दिनों बाद आगे की पढ़ाई के लिए कपिल अमेरिका चला गया। इकलौती सन्तान को बाहर भेजने का सुचित्रा का कतई मन नहीं था। लेकिन उसके भविष्य का खयाल कर वह चुप हो गई।

बाहर कुत्तों के भौंकने की आवाजें बन्द हो गई थीं। सुचित्रा अभी भी उसी तरह निश्चिंत सो रही थी। डॉक्टर आलोक को उसका शरीर ठण्डा होता सा लगा। घड़ी देखी, दो बज रहे थे।

आलोक को छह माह पूर्व की याद हो आई जब सुचित्रा ने आलोक के पास थोड़ा समय देख कुछ कहना चाहा था। आलोक किसी मरीज की फाइल में आँखें गड़ाये बैठे थे। उसके परिजनों की कोताही पर वह आगबबूला थे।

'लोग समय पर अस्पताल क्यों नहीं आते? जब सारी गुंजाइश खत्म हो जाती है, तब डॉक्टर को भगवान समझकर चले आते हैं।'

'आलोक! मुझे तुमसे बात करनी है।' सुचित्रा बोली तो आलोक ने आँखें फाइल से हटाये बगैर ही कहा, 'कहो'। सुचित्रा ने अपनी बात शुरू की, तो अचानक आलोक की नजरें उठकर सुचित्रा के चेहरे पर अटक गईं।

कितना पीला पड़ गया है उसका चेहरा, आँखों के नीचे काले गड्ढे, क्यों इतने दिनों से उसने इस पर ध्यान नहीं दिया।

सुचित्रा जो-जो दिक्कतें बताती जा रही थी, डॉ. आलोक

का डॉक्टर मन आशंकित हो उठा। लेकिन इसका जरा भी भान उन्होंने सुचित्रा को नहीं होने दिया।

'कल तुम कॉलेज से छुट्टी ले लो, अस्पताल चलकर तुम्हारे कुछ परीक्षण करवा लेते हैं।' कुर्सी से उठकर आलोक पास ही बिस्तर पर लेट गये।

सुचित्रा भी सुस्ताते हुए लेट गयी। थोड़ी ही देर में उसे नींद ने अपनी आगोश में ले लिया। पर आलोक की जैसे नींद ही उड़ गयी। शयन कक्ष का हल्का आसमानी रंग जो उन्हें हमेशा सुकून देता था, आज वहीं आँखों में चुभ रहा था। हाथ आगे बढ़ाकर उन्होंने नाइटलैम्प का स्विच ऑफ कर दिया, कमरे में स्याह अँधेरा फैल गया और शुरू हुआ दर्द का लम्बा सिलसिला। डॉक्टर आलोक का शक सही निकला। कई जगह क्रास चेक कराया लेकिन कहीं कोई अंतर नहीं। सब की एक ही डाइग्नोसिस थी–'कैंसर' और वह भी लगभग अंतिम चरण में।

डॉक्टर आलोक तो बदहवास से हो गए। जीवन भर सुचित्रा को कुछ नहीं दे पाए। जब देखो तब काम ही काम। अब जब सेवानिवृत्ति को तीन चार वर्ष ही बचे थे, तो दोनों रिटायर्ड जीवन के सुनहरे स्वप्न देख रहे थे और अब यह घोर विपत्ति आन पड़ी।

कपिल एम.डी. करने के बाद अमेरिका में बस गया था। डॉक्टर आलोक के माता-पिता भी स्वर्ग सिधार चुके थे। कपिल से बात होती, तो उन्हें बार-बार अमेरिका आने की ही सलाह देता। 'यहाँ स्वास्थ्य सम्बन्धी सुविधाएँ भारत से बेहतर हैं।'

पर सुचित्रा नहीं मानी 'मैं अपने ही देश में अंतिम साँसें लेना चाहती हूँ। तुम चाहे कुछ भी करो आलोक, मैं जानती हूँ मैं कुछ ही दिनों की मेहमान हूँ। पराये देश जाकर नहीं मरना चाहती।'

आलोक सुचित्रा की उस कातर दृष्टि को झेलने में अपने

आप को असमर्थ महसूस कर रहे थे। आँसू रोकने के प्रयास में मुँह फेर लेते। उन्होंने समय से पूर्व ही सेवानिवृत्ति हेतु आवेदन कर दिया। अब वह अपना सारा समय सुचित्रा को देना चाहते थे।

सुचित्रा दर्द को पी जाने का प्रयास करती, लेकिन उसका दर्द रोकने का प्रयास चेहरे को विकृत कर जाता, न चाहते हुए भी कराह निकल जाती।

आलोक सुचित्रा के दर्द को देख अपने आप को असहाय महसूस कर रहे थे। पति और पुत्र दोनों के डॉक्टर होते हुए भी सुचित्रा को इस असहनीय दर्द से जूझना पड़ रहा था।

दर्द की अधिकता में सुचित्रा जब असहाय सी आलोक की ओर देखती तो वो सिहर जाते।

'आलोक! मुझे मार डालो, दर्द सहन नहीं होता अब।' दर्द बर्दाश्त से बाहर होने पर सुचित्रा के ये शब्द डॉ. आलोक को अंदर तक हिला देते।

ठीक ही तो कहती है सुचित्रा, उसकी जिन्दगी वैसे भी अब कितनी बाकी है। ज्यादा से ज्यादा कुछ माह और...क्या वह सुचित्रा के दर्द की अवधि कुछ कम नहीं कर सकते?

कुछ दिन इसी उहापोह में निकल गये। अन्ततः डॉक्टर आलोक निर्णय लेने में समर्थ हुए। डॉक्टर होने के नाते वह तमाम जीवनरक्षक दवाओं के बारे में जानते थे, तो कई प्राणघातक जहर के बारे में भी।

रात्रि भोजन के उपरान्त आलोक ने जिद कर सभी नौकरों और सुचित्रा की सेवा में लगी नर्स को घर से बाहर भेज दिया। कुछ देर सुचित्रा से बातें करते रहे। बहुत सी पुरानी बातें, कुछ यादगार पल, सुचित्रा दर्द तो महसूस कर रही थी, लेकिन पति में आया यह बदलाव उसे आह्लादित कर रहा था।

आलोक संकोची किस्म के इंसान थे। जवानी के दिनों में

भी कभी खुल कर प्यार का इजहार नहीं किया। आज अपने दर्द को जज्ब करती सुचित्रा आलोक का यह नया रूप देख रही थी।

जब दर्द असहनीय हो गया, तो वह चेहरे पर उतर आया। आलोक ने दोनों हाथों से सहारा देकर उसे बिस्तर पर लिटा दिया।

'सुचित्रा थोड़ी देर और सहन करो। देखों मैं तुम्हें एक इंजेक्शन दे रहा हूँ। इससे तुम्हारा दर्द दूर हो जायेगा।' आलोक धीमे स्वर में बुदबुदा रहे थे। उन्होंने एक इंजेक्शन तैयार किया और उसकी बाँह में लगा दिया।

थोड़ी देर में ही सुचित्रा चैन की नींद सो गई और आलोक अब भी उसके सिरहाने बैठे थे। घड़ी देखी चार बज रहे थे। ओह! सुबह होने वाली है और अभी तो उन्हें और भी काम करने हैं। सोचकर आलोक उठ खड़े हुए।

उन्होंने एक पेन और कागज निकाला। उस पर कुछ लिख कर मेज पर रख दिया और बचा हुआ इंजेक्शन अपनी बाँह में लगा लिया।

अगले दिन देर तक दरवाजा न खुलने पर दरवाजा तोड़ कर खोला गया, तो डॉक्टर आलोक और सुचित्रा की मृत देह शयनकक्ष में पड़ी थी। पास ही डॉक्टर आलोक का लिखा नोट भी। इसमें लिखा था।

'मैं सुचित्रा का दर्द सहन नहीं कर सकता इसलिए इस दर्द से मैंने उसे मुक्ति दे दी। और रही मेरी बात, उसके बिना मैं जीवन की कल्पना भी नहीं कर सकता। यह हम दोनों की अंतरात्मा का फैसला है, लिहाजा हमारी खुदकुशी के लिए किसी और को जिम्मेदार न समझा जाए...।'

नीयत

गृहस्थी की गाड़ी सिर्फ पैसा, सुन्दरता या फिर सुशिक्षित होने भर से ही नहीं चलती। यह समर्पण, समझ और सरोकार की आहुति भी माँगती है। स्वच्छंदता नहीं, त्याग चाहती है। पर उसने तो यह कभी सीखा ही नहीं। उसकी हनक और सनक ही उसे ले डूबी। आज शिरीष उससे दूर हो गया तो इसीलिए।

सुगंधा का दर्प अब दरकने लगा था। और रोहित के रात-रात फोन उसे अखरने लगे। वह समझने लगी, पति-पत्नी के बिगाड़ में कैसे लोग अपना जुगाड़ ढूँढ़ लेते हैं। लेकिन मजबूरी थी, जब तक काम फँसा था, तो फोन अटेण्ड करने ही पड़ते। किन्तु वे पल उसे बड़ा असहज कर देते। अब तो बिटिया भी बड़ी हो चली थी। घंटी बजते ही उसके भी कान खड़े हो जाते।

'क्या जिन्दगी बना ली है मैंने अपनी।' सोच का यह

सिलसिला चला ही था कि ट्रिन-ट्रिन फोन बज उठा। खुशबू ने घड़ी की ओर देखा। तकरीबन वही रोज का ही समय। रात के साढ़े ग्यारह बजे थे। सुगन्धा ने फोन उठाया और उसकी ओर पीठ कर धीमी आवाज में बातें करने लगी।

कुछ दिनों से ये नित्य का नियम ही हो गया। रात को सन्नाटे में जब पहली बार फोन की घण्टी घनघनाई थी, तो खुशबू और सुगन्धा दोनों चौंक उठे थे। इसके बाद फोन आने का यह क्रम रोज का ही हो गया। खुशबू भी इसकी आदी सी हो गई। पर वह नजरें बचाकर कनखियों से मम्मी को घूरती। उन्हें तनावग्रस्त देख कभी-कभार पूछ भी लेती–

'मम्मी क्या हुआ।'

'कुछ नहीं' कहकर सुगन्धा टाल जाती।

खुशबू फिर ज्यादा जोर भी नहीं देती। वैसे भी घर में, जब से उसने होश सम्हाला, तनाव ही पाया। खुशबू के पिता शिरीष सेना में अधिकारी थे, तो माँ सुगंधा देहरादून स्थित एक प्रतिष्ठित स्कूल में अध्यापिका।

खुशबू को याद ही नहीं है कि बचपन में कभी उसने मम्मी-पापा को दो घड़ी भी प्यार से बातें करते देखा हो। हमेशा उन्हें लड़ते-झगड़ते ही पाया।

'तुमने मेरी कभी परवाह ही नहीं की। तुम्हें तो हमेशा अपनी और अपनी नौकरी की ही पड़ी रहती है। दाम्पत्य जीवन क्या होता है, तुम जैसी दंभी महिला क्या जाने।'

'मैं स्वाभिमानी हूँ और होना भी चाहिए। तुम तो यही चाहते हो न कि औरत पैरों की जूती बनी रहे। एक-एक पाई के लिए पति की मोहताज हो। हर पुरुष की यही सोच रहती है। तभी उनके पौरुष को शान्ति भी मिलती है।'

खुशबू भी अब इतना समझने लगी थी कि पिता, मम्मी को

बिला वजह उलाहना नहीं देते थे। वह चाहते थे, माँ अपनी नौकरी छोड़कर उनके साथ रहे और घर-परिवार पर ध्यान दे। लेकिन अहं की शिकार मम्मी को यह कतई मंजूर नहीं था।

शादी के एक साल बाद ही खुशबू आ गई, तो कुछ समय के लिए शिरीष-सुगंधा के बीच की खाई पटती सी लगी। पर फिर वही रवैया। दो-तीन महीने बाद ही खुशबू को आया के भरोसे छोड़ सुगन्धा ने फिर नौकरी पर जाना आरम्भ कर दिया। सुबह ही स्कूल निकल जाती और देर शाम घर लौटती। आजिज आ चुके शिरीष का मन अब सुगन्धा से हटने लगा।

इधर सुगंधा अपनी गलतियों पर तो गौर करती नहीं थी, उल्टे अब शिरीष पर ही बेवफाई के इल्जाम लगाने लगी। जोरों से चिल्लाती–

'बाहर तो लड़कियों के साथ गुलछर्रे उड़ाते फिरते हो और घर बीवी-बेटी के पास आकर संन्यासी बने खामोशी ओढ़ लेते हो।'

जवाब में शिरीष बोलता-'तो क्या करूँ? ऐसा क्या है इस घर में जो मैं किलकारी मारूँ। घर से बाहर अगर मैं खुशी ढूँढ़ता हूँ तो तुम्हें जलन क्यों होती है?'

माँ-पिता के बीच यही झगड़े देखते-देखते खुशबू बारह वर्ष की हो आई। अति हो गई तो कुछ ही समय पूर्व दोनों ने अलग-अलग रहने का फैसला कर लिया। खुशबू के लिए सुगंधा ने जिद की, तो शिरीष उसे उसके पास ही छोड़ने को राजी हो गया।

अब समस्या उस फ्लैट को लेकर थी जिसमें सुगन्धा और खुशबू रह रहे थे। फ्लैट का स्वामित्व शिरीष और सुगन्धा दोनों के नाम से था। शिरीष सुगन्धा के हिस्से का पैसा देकर उसका स्वामित्व अपने नाम पर कराना चाहता था जबकि सुगन्धा तलाक

के एवज में उस पर अपना हक चाहती थी।

एक-दूसरे से अलग हो जाने के बाद भी यही मसला उन दोनों के बीच झगड़े की जड़ बना हुआ था। मामला घर की चारदीवारी से कोर्ट-कचहरी तक जा पहुँचा। इसी बीच मौका ताड़ सुगन्धा की मदद को हाउसिंग सोसाइटी का चेयरमैन रोहित आगे आ गया। वह पेशे से वकील भी था। उसने आग में और घी का काम किया। आये-दिन सुगंधा को वह उकसाता रहता–

'अरे! कैसे नहीं देंगे मेजर साहब इसे आपको? तलाक के हर्जाने के रूप में तो उन्हें ये देना ही पड़ेगा। मैं लड़ूँगा आपका केस।'

जब-तब किसी न किसी बहाने वह मिलने घर आ धमकता या देर-सबेर फोन घनघनाता रहता।

जब पहली बार रात ग्यारह बजे उसका फोन आया, तो सुगन्धा चौंक उठी।

'हैलो! क्या कर रहे हैं आप? मैंने सोचा केस के बारे में आप से कुछ बातें कर लूँ।' रोहित बोला–

'जी इस समय!' सुगन्धा रोहित के इस देर रात आये फोन का मन्तव्य समझ रही थी। उसे अंदर ही अंदर खीझ आयी कि जो बात कल भी हो सकती थी उसके लिये उसे रात ग्यारह बजे फोन करने की क्या जरूरत थी! खैर वह गुस्सा पी गई और कुछ बोलती इससे पहले ही रोहित बोल उठा–

'अग़र आपको आपत्ति न हो तो...।' बात यहीं अधूरी छोड़ दी उसने।

'आज स्कूल में देर शाम तक मीटिंग चलती रही, सिर दु:ख रहा है। हम कल बात कर लें, तो कैसा रहेगा?' सुगन्धा ने विनम्रतापूर्वक उसका आग्रह टाल दिया।

चलो ठीक है, कहकर रोहित ने फोन रख दिया, तो सुगन्धा

ने बड़ी चैन की साँस ली। लेकिन अगले दिन फिर लगभग उसी समय फोन घनघना उठा। सुगन्धा ने चोर नजरों से खुशबू की तरफ देखा। खुशबू की आँखों में उतराते सवालों से नजरें फेर सुगन्धा ने चुपचाप फोन उठाया।

'सुगन्धा जी! मैं रोहित, क्या करें दिन भर इतना व्यस्त रहता हूँ समय ही नहीं मिल पाता। इसलिए फिर आपको इस समय परेशान कर दिया।' और वह धीमे से कुटिल हँसी हँसा।

उसकी हँसी की आवाज सुगन्धा के कानों में पिघले शीशे की तरह पड़ी। लेकिन अपने को संयत रखते हुए उसने उससे अपने केस की प्रगति संबंधी सवाल दाग दिया। आखिर काम तो उसका ही था और इस झंझट से वह जितनी जल्दी हो, मुक्ति भी चाहती थी।

'इसको तो बस आप अपने पक्ष में ही समझिये। अगली तारीख में ही फैसला हो जाएगा। आप सहयोग कीजिए और मेजर साहब से सम्बन्धित कुछ सूचनाएँ दे दीजिए। बस काम हुआ समझो।'

रोहित के फोन अब अक्सर किसी न किसी बहाने देर रात इसी तरह आने लगे थे। हालत यह हो गई कि अब सुगन्धा को लगने लगा कि वो अपनी बड़ी होती बेटी से नजरें नहीं मिला पा रही है।

बिस्तर पर लेटती, तो लगता खुशबू की नजरें पीछा कर रही हैं। पूछ रही हैं कि रोहित अंकल को ऐसा कौन सा काम है, जिसके लिये उन्हें देर रात ही बात करनी होती है?

सुगन्धा का स्कूल आवासीय था और वहाँ की आवश्यकताओं को ध्यान में रखते हुए कई दिनों से स्कूल प्रबंधन सुगन्धा पर स्कूल परिसर में ही रहने के लिए दबाव डाल रहा था। लेकिन सुगन्धा इसे टाले जा रही थी। वह मकान खाली कर शिरीष को

केस जीतने का कोई मौका नहीं देना चाहती थी। उसके पास स्थायी आवास का न होना ही तो एक मुद्दा था, जो उसे मकान का स्वामित्व दिला सकता था।

किन्तु पिछले कुछ दिनों से रोहित के लगातार देर रात आने वाले फोन-कॉल्स ने उसे बुरी तरह विचलित कर दिया था। वह आत्म मंथन करने लगी–

शिरीष उसे उसके हिस्से का पैसा देने को तैयार है जिसे वह खुशबू के भविष्य के लिए सुरक्षित रख सकती है। स्कूल परिसर में रहने से उसके खर्चे भी कम होंगे और खुशबू का भविष्य भी बेहतर बन पायेगा। पर रोहित जानबूझ कर केस को लम्बा खींच रहा है, ताकि वह उसकी कठपुतली बनी रहे। उसने तय किया, वह कुछ दिन और देखेगी, नहीं तो फिर दूसरा रास्ता निकालना होगा।

लेकिन इस बीच संयोग से ऐसा हुआ कि उसे ज्यादा इंतजार नहीं करना पड़ा। वह कुछ दिनों से राहत महसूस कर रही थी। रात को फोन अब लगभग बन्द ही थे–

'हो सकता है, रोहित को उन दिनों मुझसे केस सम्बन्धी काम ही रहा होगा। पर मुझे तो अनावश्यक ही शक करने की आदत पड़ गई है।'

सुगन्धा ने मन ही मन सोचा। किन्तु उसकी यह खुशफहमी अधिक समय तक बनी न रह सकी।

रात बारह बजे फोन घनघनाया, तो सुगन्धा और खुशबू दोनों चौंक उठे।

पिछले कुछ दिनों से सुगन्धा फोन की आवाज कम करना भी भूल गई थी।

'हैलो सुगन्धा जी! सो गई क्या?' जाना पहचाना स्वर सुन सुगन्धा का मन आया कि कह दे नहीं, आधी रात को वह तारे

गिन रही है। लेकिन कह नहीं पाई।

'आपके केस का निर्णय अगली तारीख में तो हो ही जायेगा। उसके बाद आपसे बात करने का मौका कहाँ मिलेगा। आज श्रीमती जी भी मायके गई हैं, अकेलापन महसूस हो रहा था। सोचा आपसे बातें करूँ', रोहित की आवाज नशे में बुरी तरह लड़खड़ा रही थी। सुगन्धा एक पल को सन्न रह गई। उसको खामोश पाकर रोहित फिर बोला।

'आप भी तो अकेली हैं। कभी तो हमसे बात कर लिया कीजिये, आपका मन भी बहल जायेगा। आखिर इस सोसाइटी में हम ही आपके काम आयेंगे।' रोहित नशे में चूर बड़बड़ाये जा रहा था।

सुगन्धा ने फोन पटक कर उसका तार निकाल दिया। गुस्से की आग और काम फँसे होने की मजबूरी के मिले-जुले भाव उसके मन को बुरी तरह मथ रहे थे। एक पल के लिए उसे लगा मानो सिर फट जायेगा।

बिस्तर पर आकर लेटी, तो नींद जैसे उड़ गई थी। आखिर रोहित ने उसे समझा क्या है! ठीक है शिरीष और उसमें नहीं बनी और तलाक हो गया, तो इसका मतलब यह तो नहीं कि वह चौराहे पर खड़ी है और जिसके जी में आया, वह उसके मन बहलाने का जरिया बन जाये?

मन पक्का कर वह अगले दिन रोहित के ऑफिस जा धमकी।

'मैंने शिरीष से समझौता कर लिया है, मैं केस वापस लेना चाहती हूँ।' दो टूक शब्दों में उसने अपना निर्णय रोहित को सुना दिया।

सकपकाते हुए वह बोला, 'अरे मैडम, आप तो बुरा मान गई, अब तो आप केस जीतने ही वाली है। अब इस समय...।' उसे

बीच में टोकते हुए सुगंधा बोली–

'आपने सुना नहीं मैने क्या कहा, मुझे केस वापस लेना है।' उसके तेवर देख रोहित सहम गया पर अपनी हरकत से वह बाज नहीं आया। बोला–

'ठीक है मैडम, जैसा आप चाहें। लेकिन केस फ्री में नहीं लड़े जाते। हम तो उसके लिए भी तैयार थे बशर्ते आप हमारी बात मान जातीं। दोनों का मन बहल...।' बीच में ही सुगंधा ने टोकते हुए कहा–'कितने पैसे देने हैं?' गुस्से से उसके शरीर में जैसे असंख्यों चींटियाँ रेंगने लगीं थी। जल्दी ही वह वहाँ से बाहर निकल जाना चाहती थी।

'दो लाख तो दे ही दीजिए। कुछ और नहीं तो, पैसा तो ठीक मिल ही जाए। रोहित ने बेशर्मी से अपनी बत्तीसी निपोरी।

'मैं आपको दो दिन बाद का चेक दे रही हूँ। निकलवा लीजिएगा।' चेक उसकी मेज पर फेंक कर सुगन्धा पैर पटकती हुई गुस्से में बाहर निकल आई।

'अभी बहुत से काम करने हैं। शिरीष से बात करनी हैं और फिर स्कूल परिसर में शिफ्ट होना है...।' बड़बड़ाते हुए उसके कदम तेजी से घर की ओर मुड़ गये।

आखिर क्यों?

कहते हैं ममत्व से भरे आत्मीय रिश्ते, अपनी ममता पर आसन्न अनिष्ट की पहले ही आहट दे देते हैं। जाने क्यों आज मासूम चिंकी का मन भी ऐसी ही किसी अनहोनी की आहट दे रहा था। बड़ी बेचैन सी वह सुबह से ही माँ के साथ लिपटी पड़ी थी। कहाँ खुद ही उठकर वह तैयार हो जाया करती। तबियत ठीक न भी होती तो भी स्कूल का वह नागा हरगिज नहीं करती। पर आज सुबह से ही वह स्कूल न जाने की जिद पर अड़ी थी। चेहरे का रंग भी न जाने कहाँ उड़ गया था।

'आज मैं स्कूल नहीं जाऊँगी।'

चार वर्षीय चिंकी मम्मी के पैरों से जाकर लिपट गई।

'अरे! मेरा प्यारा बच्चा, स्कूल के लिए तो यह कभी ना नहीं करता था। आज क्या हो गया?' निशा ने उसे दुलारते हुए

पूछा। मन शंकित भी था, जबसे स्कूल जाना शुरू किया था, उसने कभी कोई बहाना नहीं किया। खुशी-खुशी स्कूल जाती थी। पर आज जाने क्या बात हो गयी।

'कुछ नहीं मम्मी, बस यूँ ही।'

माँ के पैरों का आलिंगन सा किया। चिंकी उसे छोड़ने का नाम ही नहीं ले रही थी।

'चलो बेटा, ऐसा नहीं कहते, तुम्हारी बस आने वाली होगी। मैं तुम्हें छोड़ आती हूँ।' और वह चिंकी की उँगली थामे बाहर निकल आई।

बिल्कुल अनमने मन से माँ को बाय-बाय कह चिंकी बस में बैठ गई।

दिन में लगभग एक बजे चिंकी स्कूल बस से उतरी तो नजरें बाहर ही थी, मम्मी को तलाशती। पर वह दिखी नहीं। इधर-उधर देखा फिर आगे नजर दौड़ाई, लेकिन मम्मी दूर-दूर तक नजर नहीं आई।

निराश हो चिंकी खुद ही धीरे-धीरे घर की ओर चल दी, पीठ पर बस्ता लादे हुए। सुबह से पहने कपड़े अस्त-व्यस्त हो चले थे। आज सुबह ही पालिश किये हुए चमचमाते जूते धूल जमा होने से अपना असली रंग खो बैठे थे।

पर ये क्या! घर में तो ताला लगा है, लगता है मम्मी उसे ही लेने गई है, और ये सोच चिंकी फिर बस स्टाप की ओर ही चल दी। लेकिन वह कहीं नहीं मिली। थक हार कर चिंकी बन्द दरवाजे के आगे ही बैठ गई। भूख भी लग रही थी। पर क्या करे। ध्यान मम्मी की ओर ही था।

कुछ देर चिंकी यूँ ही बन्द दरवाजे के आगे बैठी रही। किसी का भी ध्यान उसकी ओर नहीं गया। एक तो भूख-प्यास ऊपर से मम्मी की चिंता। उसकी आँखें डबडबा आईं।

उसने बस्ते से एक कापी निकाली और फिर कुछ चित्र बनाने लगी। लेकिन उसमें भी मन नहीं लगा तो कॉपी वापस बस्ते में रख दी।

ऐसा तो पहले कभी नहीं हुआ। चिंकी की बस आने से पहले ही माँ उसे लेने बस स्टाप पर खड़ी होती।

चिंकी के बस से उतरते ही वो उसका बस्ता हाथों में ले उसकी उँगली थाम लेती। नन्ही चिंकी उछलती कूदती स्कूल के दिन भर के किस्से माँ को सुनाते-सुनाते घर पहुँचती। माँ भी हँसती-मुस्कराती उसकी बातों में खूब रुचि लेती। पर आज माँ को क्या हो गया, उसे अकेला छोड़ वह कहाँ चली गई! क्या उसे यह भी याद नहीं कि वह भूखी होगी!

वह यादों में खो गई, कैसे घर पहुँचते ही माँ उसके कपड़े बदलती, हाथ-मुँह धुलाती और खाना खाने बिठा देती। उत्साहवश कभी वह बस्ते से कोई कॉपी निकाल दिखाने लगती, तो माँ उसे पहले खाना खा लेने को कहती।

लेकिन चिंकी, कहाँ मानने वाली थी। जब तक स्कूल की सारी बातें माँ को न बता दे उसे चैन नहीं आता। भाव विह्वल माँ उसे अपने हाथ से खाना खिला देती।

आज भी तो उसे माँ को स्कूल की ढेर सारी बातें बतानी थीं। बताना था कैसे आज उसकी ड्राइंग की मैम ने उसे शाबाशी दी।

लेकिन किससे कहे? माँ तो है ही नहीं। इस सबको याद कर चिंकी कुछ देर रोती रही। बाद में अपने बस्ते पर सिर रखकर वहीं सो गई।

'मैं तुम्हारी जान ले लूँगा। समझती क्या हो अपने आप को?' पापा माँ पर बरस रहे थे। 'प्लीज चुप हो जाइये, इस समय चिंकी सो रही है, जाग जायेगी' माँ करुण क्रन्दन के साथ

गुजारिश कर रही थी।

पर पापा और बिफर उठे–

'चिंकी का बहाना करती है। तुझे तो मैं जिस दिन इस घर से निकाल दूँगा, तभी मुझे चैन आयेगा। रहना फिर अपनी चिंकी के साथ अपने बाप के घर।' उन्होंने माँ को जोर से धक्का दिया, माँ का सिर पलंग से जा टकराया।

'मम्मी ऽ ऽ ऽ !' जोर की चीख के साथ चिंकी की नींद खुल गई। ओह! ये तो सपना था, लेकिन कितना भयानक। उसे ध्यान आया कल रात माँ और पापा के बीच भी तो ऐसा ही झगड़ा हुआ था।

चिंकी उस वक्त सोई थी। इसीलिए उसे ज्यादा कुछ तो याद नहीं पर पापा की कर्कश आवाज से उसकी नींद खुल गई।

'मम्मी तो बड़ी अच्छी है, पर पापा उन्हें क्यों पीटते हैं!'

नन्हीं चिंकी के यह समझ से बाहर था। पर वह महसूस करती कि पापा के सामने मम्मी अक्सर गुम-सुम ही रहती। वह बड़े गुस्सैल थे। इसलिए उनके घर आने पर वह भी सहमी सी बैठी रहती। पापा की उपस्थिति में उसकी सारी बाल सुलभ शरारतें स्वत: दम तोड़ जाती।

'अरे चिंकी, तू ऐसे क्यों बैठी है? तेरी माँ कहाँ गई आज?' तभी पड़ोस की आंटी किसी काम से बाहर निकली तो उन्होंने चिंकी को देखकर सवाल किया।

पर चिंकी गुम-सुम बैठी रही, कुछ भी नहीं बोली।

'अरे बेटा, जब घर पर ताला था तो तू आंटी के पास क्यों नहीं आ गई। बेटे को भूख लगी होगी ना।' आंटी ने प्यार से चिंकी के सिर पर हाथ फेरा तो ममत्व भरे इस दुलार से चिंकी की अश्रुधारा बहने लगी।

'लेकिन निशा तो कभी ऐसा नहीं करती, आज क्या हो गया

उसे! खुद भी हैरान आंटी खुद से सवाल कर रही थी।

'चल बेटा उठ, मेरे साथ चल, मुँह-हाथ धोकर खाना खा ले। तब तक तेरी मम्मी भी आ जाएगी।' आंटी ने चिंकी का हाथ पकड़कर उसे उठाया।

लेकिन चिंकी का जरा भी मन नहीं था। वह वहीं बैठी रही। 'चल बेटा' आंटी ने दोबारा पुकारा तो उसने इनकार में सिर हिला दिया। फिर सहमी सी बोली-

'मम्मी आयेगी तो मुझे ढूँढ़ेगी। मुझे कुछ नहीं खाना, मैं तो यहीं बैठूंगी।'

आंटी ने थक हार कर पड़ोस में निशा के बारे में जानने की कोशिश की तो कोई भी कुछ नहीं बता पाया।

थोड़ी देर में पड़ोस के कुछ लोग भी इकट्ठा हो गए। भीड़-भाड़ से चिंकी और सहम गई।

कोई रास्ता न देख किसी ने उसके पिता के ऑफिस फोन कर उन्हें सूचित करने की सलाह दी। चिंकी की स्कूल-डायरी में उनका नम्बर मिल गया।

थोड़ी देर में वह ऑफिस से घर आ पहुँचे। ताला तोड़ा गया। वे अन्दर घुसे तो वहाँ का दृश्य देखकर सबके होश उड़ गये।

जमीन पर निशा की लाश पड़ी थी। हाथ पीछे बँधे हुए, गले पर नीला निशान।

चिंकी समझ नहीं पाई क्या हुआ। क्यों मम्मी जमीन पर पड़ी है?

कुछ ही देर में पुलिस भी आ गई। इधर-उधर तलाशी ली गई। सारा सामान व्यवस्थित था। लूट-पाट का कहीं कोई निशान नहीं। अलबत्ता निशा के हाथों और गले पर खरोंच के निशान थे। साफ लगता था, अपने आप को बचाने के लिए उसने अच्छा-खासा

संघर्ष किया है।

चिंकी के पिता पुलिस के साथ भागदौड़ में ही लगे रहे। मासूम चिंकी सहमी सी आंटी के सीने से चिपकी रही।

पुलिस वाले अपनी तहकीकात कर जाने लगे तो आंटी बोली–

'चलो बेटा आपको पापा के पास छोड़ देती हूँ।'

इतना सुनते ही चिंकी उनसे और चिपट गई। बोली, 'नहीं आंटी, मैं आपके पास ही रहूँगी, पापा के पास नहीं जाना। वो हमेशा मम्मी को डांटते हैं, वो गन्दे...।' और सुबकते हुए उसने अपना मुँह आंटी की गोद में छुपा लिया।

चिंकी की बात सुनकर पुलिस इंस्पेक्टर के कान खड़े हो गये। वह चुपचाप घर से बाहर निकल गया। मामले का एक अहम सुराग मिल गया था।

पड़ोसियों के लाख कहने और समझाने पर भी चिंकी पिता के पास जाने को कतई तैयार नहीं हुई।

निशा के माता-पिता और सास-ससुर पहाड़ के सुदूरवर्ती गाँव में रह रहे थे। वहाँ फोन की सुविधा भी नहीं थी। किसी तरह नजदीकी स्थान पर फोन से सूचित कर उन्हें आगे संदेशा भिजवाने को कह दिया गया।

चिंकी के दादी-दादा, नानी-नाना अभी पहुँच भी न पाये थे कि एक और वज्रपात हो गया। दो दिन बाद ही पुलिस संदेह के आधार पर चिंकी के पापा को गिरफ्तार कर ले गई।

कानूनन अब चिंकी किसी और के घर में नहीं रह सकती थी। जब तक उसके नजदीकी रिश्तेदार नहीं आ जाते, उसे बाल संरक्षण गृह के हवाले करने का फैसला किया गया।

पिता पर लगा आरोप अभी साबित भी नहीं हुआ था किन्तु इधर चिंकी की सजा शुरू हो चुकी थी। सब हैरान थे ये क्या हो

गया। पहले माँ का साया छिना, अब पिता से भी जुदा हो गई। आखिर इस बेचारी नन्ही जान का क्या कसूर, जो उसे यह सजा भोगनी पड़ी है! यह सवाल सब को अंदर तक झकझोर गया और उसके पापा को कठघरे में खड़ा कर गया...।

बड़ी सीख

कचहरी परिसर के बाहर आज कुछ ज्यादा ही मजमा लगा था। तीन दिन से यहाँ पूर्व स्वतन्त्रता सेनानी संतन सिंह का बेटा जितेन्द्र अपने परिवार सहित अनशन पर बैठा था। उसकी नाराजगी सरकार के रवैये को लेकर थी। उसका कहना था, सरकारी अनदेखी के चलते ही स्वतंत्रता आन्दोलन के अग्रणी सेनानी का परिवार आज चौराहे पर आ पड़ा है। पूरे तीन दिन कोई भी सरकारी प्रतिनिधि उसे पूछने नहीं आया तो गुस्से में उसने यहीं पर मय परिवार आत्महत्या की धमकी दे डाली। मामले को हवा देने के लिए वहाँ कुछ उत्साही पत्रकार वह इलेक्ट्रॉनिक मीडिया के लोग भी आ जुटे।

जितेन्द्र प्रसिद्ध स्वतंत्रता संग्राम सेनानी संतन सिंह का इकलौता पुत्र था। संतन सिंह के पिता गाँव के बड़े जमींदार थे।

स्कूली शिक्षा पूरी होने पर उन्होंने आगे की पढ़ाई हेतु उन्हें इलाहाबाद भेज दिया था। संतन सिंह बचपन से ही प्रखर बुद्धि के थे इसलिए पिता उन्हें कलक्टर बनाना चाहते थे। उन्हें इलाहाबाद भेजने का उनका मकसद भी यही था।

लेकिन घर से बाहर रहकर बेटा कहीं विमुख न हो जाये यह सोचकर पड़ोसी गाँव के जमींदार की पुत्री लीलावती से उनका ब्याह करवा दिया। पन्द्रह वर्ष की लीलावती दुल्हन बन संतन सिंह के घर आ गई।

शुरू में तो संतन का मन पढ़ाई में बिल्कुल भी न लगता। दो दिन की छुट्टी होने पर भी वो गाँव लौट आते। लेकिन धीरे-धीरे उनका मन अंग्रेजी सरकार द्वारा भारतीयों पर किये जाने वाले जुल्मों से आहत होने लगा। फिर एक दिन वह अपने कुछ मित्रों के साथ स्वतंत्रता आन्दोलन में कूद पड़े। हर महीने घर भाग आने वाले संतन का जब महीनों तक कुछ पता न चला तो घर में चिन्ता हुई। पिता ने गाँव से अपने एक पुराने नौकर को इलाहाबाद उनकी खोज-खबर को भेजा। वहाँ पता चला, वह तो कॉलेज ही छोड़ चुके हैं।

इस बीच संतन व उनके साथियों की उग्र गतिविधियों के चलते ब्रितानी पुलिस हरकत में आ गई। उनकी घेराबंदी के साथ-साथ अब घर में भी तहकीकात होने लगी। पिता को उनकी यह हरकतें नागवार गुजरीं। पर पत्नी को पता लगा तो वह भी इस मुहिम के लिए मचलने लगी। उसने गाँव की ही कुछ महिलाओं को एकत्रित कर स्वदेशी आन्दोलन शुरू कर दिया। इससे संतन के पिता और भड़क उठे उन्हें यह कतई मंजूर नहीं था कि समृद्ध घर की बहू सारा साज-शृंगार छोड़ खादी के कपड़े पहने और इधर-उधर सड़कों में भटके। इसको लेकर उन्होंने कई बार उसे फटकारा भी। पर अपने पति को मदद करने की बात कहकर

उसने ससुर को निरुत्तर कर दिया।

देश आजाद हुआ तो संतन को कई लोगों ने राजनीति में उतर आने की सलाह दी। पर वह कहते–मैंने देश को आजाद करवाने के लिए लड़ाई लड़ी थी, अब देश आजाद हो गया है, तो मेरा काम भी खत्म, कुछ और पाने की लालसा नहीं है मन में है नहीं। लोग चुप हो जाते।

इसके बाद संतन ने अपने गाँव में रहकर खेती करना ही उचित समझा। आन्दोलन के दौरान गोली लगने और उसके बाद समुचित इलाज न हो पाने से उनका बायाँ पाँव खराब होने लगा। पर हिम्मत नहीं हारी।

बाद में सरकार ने स्वतंत्रता संग्राम सेनानियों को नौकरी सहित कई अन्य सुविधाएँ दीं, लेकिन संतन ने पेंशन के अलावा अन्य सभी सुविधाएँ लेने से विनम्रतापूर्वक मना कर दिया। पेंशन से मिलने वाली राशि भी वह गरीब और जरूरतमंद लोगों में बाँट देते।

विवाह के कई वर्षों बाद घर में पुत्र हुआ तो परिवार में खुशी की लहर दौड़ गई। नाम रखा गया जितेंद्र। माँ–बाप ने उसे अपने ही संस्कारों में ढालने की कोशिश की। पर उसकी फितरत कुछ अलग ही थी। पढ़ने–लिखने में वह सामान्य ही था। किसी तरह उसने स्नातक किया, और फिर सरकारी नौकरियों की तलाश में लग गया। पिता उसे समझाते–बेटा तुम सरकारी नौकरी के लायक तो हो नहीं, इसलिए कोई अपना धंधा–पानी ही शुरू कर लो।

पिता की इस सलाह से वह भड़क उठता। धीरे–धीरे वह जुबान भी लड़ाने लगा, कहता–कैसे स्वतंत्रता सेनानी हैं आप कि अपने इकलौते बेटे के लिए एक अदद सरकारी नौकरी का जुगाड़ भी नहीं कर सकते!

संतन सिह बेटे की इन बातों को सुन सन्न रह गए। उन्हें उसकी इस सोच पर बड़ी ग्लानि हुई। मन ही मन कहने लगे– क्या अपने पुत्र को नौकरी दिलवाने के लिए ही उन्होंने आन्दोलन किया था। पर पुत्र को ये न लगे कि पिता उसके लिए कुछ नहीं कर रहे, ये सोचकर उन्होंने पत्नी से सलाह मशवरा किया और फिर एक खेत बेचकर गाँव में ही एक छोटी सी दुकान खोल ली। पर पढ़े-लिखे जितेन्द्र को ये काम अपमानजनक लगा। माँ के समझाने पर मन मसोस कर उसे दुकान पर बैठना ही पड़ा। दुकान से ठीकठाक आमदनी होने लगी। पर उसका चंचल मन खुराफातों में ही लगा रहता।

दुकानदारी अब उसकी ठीक ठाक चलती देख माता-पिता ने उसका विवाह कर अपनी अन्तिम जिम्मेदारी से भी मुक्त हो जाना चाहा और एक पढ़ी-लिखी अच्छे घर की लड़की संयुक्ता से उसकी शादी कर दी। पर बहू के घर आते ही स्थिति बिगड़ने लगी।

संयुक्ता भी जितेंद्र की तरह ही चंचल थी। उसे पति का दुकान में बैठना बिलकुल ठीक नहीं लगता। वह उसे और उचकाने लगी–सरकार आज स्वतंत्रता सेनानी आश्रितों को कितनी सुविधाएँ दे रही हैं। पर तुम्हारे पिता हैं कि तुम्हारे बारे में कुछ सोचते ही नहीं। उन्हें तो सिर्फ समाजसेवा का भूत सवार है। अपने इकलौते बेटे की जिन्दगी की उन्हें कोई चिन्ता ही नहीं।

पत्नी की यह बातें आग में घी का काम करती। वह और भड़क उठता। बात-बात पर अपनी सारी खीझ पिता पर उतार देता। माँ समझाती–बेटा सारी जिन्दगी तुम्हारे पिता ने उसूलों के लिए बिता दी इसीलिए लोग उनका इतना सम्मान करते हैं। अब बुढ़ापे में उन्हें गलत कामों के लिए मजबूर मत करो।

पर वह माँ से भी भिड़ जाता। कहता–पिता उसका भला

ही नहीं चाहते।

—एक औलाद वह भी ऐसी।—संतन सिंह चिन्ता में डूब जाते, इससे उनका स्वास्थ्य खराब रहने लगा। एक दिन उन्हें दिल का दौरा पड़ा और हमेशा-हमेशा के लिए वह परिवार से दूर हो गए।

संतन सिंह के तो पूरे इलाके के लोग मुरीद थे। उनकी मौत की सूचना सुन घर में सैलाब उमड़ पड़ा। बेतहाशा भीड़ ने जितेन्द्र को इस बात का और अहसास तो दिला दिया कि उन्हें लोग कितना मानते हैं। पिता की इसी लोकप्रियता को वह अब भुनाने में लग गया। पिता की मौत की संवेदना की आड़ में उसने कई अधिकारियों और राजनीतिज्ञों के चक्कर काटे पर बात नहीं बनी। इसी भाग-दौड़ में उसकी मुलाकात एक दलाल से हो गई, जिसने दो लाख रुपये में उसे नौकरी दिलवाने का आश्वासन दिया। सौदा तय हो गया तो जितेन्द्र ने पैसों की व्यवस्था के लिए माँ से खेत बेचने की इजाजत चाही।

बेटे को समझाने में असफल रही माँ ने थक-हार कर उसे खेत बेचने की अनुमति तो दे दी किन्तु अन्दर ही अन्दर उसका मन टूट गया। सोचती, जिस व्यक्ति ने जीवनो भर अपने सिद्धान्तों से कभी समझौता नहीं किया, उसी का बेटा उसकी मृत्यु के बाद नौकरी लगाने के लिए रिश्वत देने जैसा घृणित कार्य कर रहा है। लेकिन घर में सुख-शान्ति के लिए उसे इस पाप का भागी बनना पड़ा।

लेकिन दलाल पैसे लेने के बाद गायब हो गया तो जितेन्द्र आग बबूला हो उठा। कैसे कहे उसने नौकरी के लिए रिश्वत दी। पर अब स्वतंत्रता संग्राम सैनिकों के आश्रितों की आढ़ लेकर वह परिवार सहित कचहरी परिसर में धरने पर बैठ गया।

लीलावती को पता चला तो उस पर जैसे किसी ने घड़ों

पानी उँड़ेल दिया हो। बेटा अब इस नौटंकी पर उतर आया कि अपने पिता का नाम ही मिट्टी में मिला देना चाहता है। वह तमतमा उठी।

इधर अनशन स्थल पर खासी भीड़ जमा हो गयी थी। कुछ छुटभैयों ने सियासी दुकानें सजा लीं और लगे सरकार को जमकर कोसने। मीडिया के लोग भी आ पहुँचे।

इसी तमाशे के बीच जितेन्द्र ने बगल में बैठी अपनी छोटी बिटिया को गोद में बिठा लिया और जेब से जहर की शीशी निकालकर उसे पिलाने का नाटक करने लगा।

तभी भीड़ में भगदड़ मची। जोर का एक नारी स्वर उभरा–हटो-हटो क्या मजमा लगा रखा है। कोई तमाशा हो रहा है क्या! लोग तितर-बितर हो गए।

सामने माँ लीलावती के उग्र तेवर देख जितेन्द्र और संयुक्ता के होश उड़ गए। उन्होंने सोचा भी नहीं था कि वह यहाँ आ धमकेगी। पास ही बैठे दोनों बच्चे दादी माँ कहते हुए दौड़े और उससे लिपट गए।

–माँ आप यहाँ!–सकपकाते हुए जितेन्द्र उठ खड़ा हुआ तो उसने आगे बढ़कर एक जोर का तमाचा उसके गाल पर दे मारा।

चारों तरफ सन्नाटा छा गया। मीडिया के लोग भी सकते में आ गए। किसी के मुँह से कोई आवाज न निकली।

–तुम इतने अकर्मण्य हो, ये तो मुझे मालूम था लेकिन इतने बेशर्म भी हो ये नहीं जानती थी। अपने देश को आजाद कराने के लिए क्या इसलिए लड़ाई लड़ी थी कि तुम जैसे कपूत उस महान स्वतंत्रता संग्राम सेनानी के नाम को अपने स्वार्थों के लिए बैसाखी की तरह इस्तेमाल करें।

–लेकिन जिन लोगों ने देश के लिए कुर्बानी दी उनके लिए आजाद मुल्क के हुक्मरानों का कोई फर्ज नहीं है! देश पर

कर्ज है उन सपूतों का। उसको उतारना क्या देशवासियों का फर्ज नहीं है। कुछ अति उत्साही मीडिया वालों ने लीलावती से सवाल किया।

उनका यह बेतुका सवाल सुन वह और भड़क उठी–कौन सा कर्ज, कैसा कर्ज! क्या अपने देश, अपने घर के लिए कुछ करना अहसान होता है जिसे उतारा जाय। कोई किसी पर अहसान नहीं करता, यह सबका फर्ज है। और सबको अपना-अपना फर्ज अदा करना चाहिए। बगैर किसी अपेक्षा के।

फिर वह अपनी बहू से मुखातिब हुई–

–इसकी इस नौटंकी में तुम भी चली आई इस नालायक के साथ। अनशन करने के लिए। अरे, तुम तो अर्धांगिनी हो इसकी। तुम्हारा फर्ज है उसे सही राह दिखाना और सही रास्ते पर लाना। भीख और अनुदान से जिंदगी नहीं चलती। कुछ करना है तो कर्म करो। तभी आने वाली पीढ़ी भी तुम्हें याद रखेगी।

उसने खबरनवीसों को भी नही बख्शा। बोली–

–तुम तो चौथे स्तंभ हो इस व्यवस्था के। समाज को दिशा देना तुम्हारा परम दायित्व है। तुम ही भटक जाओगे तो लोगों को दिशा कौन देगा।

सभी सिर झुकाये खड़े थे। बिलकुल मौन। सभी को अपनी-अपनी जिम्मेदारी व दायित्वों का अहसास हो आया। धीरे-धीरे भीड़ छँट गई। सब चुपचाप एक बड़ी सीख लिए अपने-अपने गंतव्यों को चल दिए।

दोषी कौन

आज इस उम्र में जाकर अहसास हुआ कि घर से बाहर, वह भी अकेले और अपने बूते पाँवों पर खड़े होने का जज्बा आज भी औरत-जात के लिए खुद अपनी मट्टी कूटने जैसा है। दुश्वारियों से भरा, दुरूह, दुष्कर और दर्दनाक। जहाँ जान-आबरू सब दाँव पर। ऊपर से लानत-मलानत सूद में। शर्मिला ने क्या नहीं भोगा और आज दानवी दुनिया का यह प्रपंच उस बच्ची का जीवन भी लील गया। हम दोनों पति-पत्नी हक्के-बक्के थे।

यूँ तो थे हम उसके मकान मालिक ही, पर बच्चों का सान्निध्य तलाशता उम्र का यह अंतिम पड़ाव आज शर्मिला में ही अपनी औलाद का अक्स देखने लगा था। इसीलिए यह बच्ची दानवी दुनिया के जो-जो दंश झेल रही थी, उसमें हम दोनों भी शरीक थे। सामने का कमरा तो बस नाम भर का था। रात वह

सोती पत्नी सुमित्रा के साथ ही थी। इसलिए वह और भी ज्यादा बदहवास सी थी–

'कल रात न जाने क्या मति मारी गयी। उसका मन बड़ा उखड़ा सा लग रहा था। तभी रोक लेती तो शायद ऐसा नहीं होता।' वह बार-बार अपने को यही कोसे जा रही थी। सुबह उठते ही आज न जाने क्यों सुमित्रा सीधे शर्मिला को उठाने चल दी थी।

मैं बाथरूम चला गया। थोड़ी देर बाद ही दरवाजे जोर से भटभटाने की आवाज आयी। फिर सुमित्रा की चीख-पुकार–

'निकलो, जल्दी निकलो। हमारी शर्मिला को पता नही क्या हो गया। वह उठ ही नहीं रही है।'

मैं भी घबरा गया। आनन-फानन में कपड़े पहनकर बाथरूम से बाहर निकला और सीधे शर्मिला के कमरे की ओर भागा। वह निढाल बिस्तर पर पड़ी थी। पास ही एक शीशी। लगता था उसने नींद की गोलियाँ खा ली हैं।

आस-पास के लोग भी इकट्ठा हो गये। थोड़ी देर में पुलिस भी आ पहुँची और पूछताछ शुरू हो गई। मैं अपने कमरे में आकर शर्मिला के माता-पिता का फोन नम्बर तलाशने लगा। उनको सूचना देने की जिम्मेदारी भी तो आखिर मेरी ही थी।

उनको सूचित कर मैं फिर भागा-भागा शर्मिला के पास लौट आया। वहीं सुमित्रा भी पगलायी सी बैठी थी। मैं भी बैठ गया और एकटक शर्मिला को निहारने लगे। ऊपर वाले ने तो कभी बेटी दी नहीं, लड़के थे जो छोड़कर बाहर जा बसे। आज इसे अपनी औलाद के समान माना, तो ये भी साथ छोड़कर चल दी।

यह सोचते-सोचते मुझे लगभग दो साल पहले का वह दिन याद हो आया, जब शर्मिला कमरे की खोज में पहली बार हमारे पास पहुँची। हिमांचल के किसी पहाड़ी शहर से शिक्षा पूरी कर उसने कुछ साल वहीं नौकरी की थी। अब तरक्की के बाद

तबादला होकर इस शहर में आई थी।

अनजान से इस शहर में हमें मकान मालिक के रूप में पाने की खुशी उसके चेहरे से साफ झलकती थी।

'अंकल, अकेले रहना है ना, आप जैसे बुजुर्ग लोगों का साया सिर पर रहेगा तो कोई चिंता नहीं रहेगी।' वह खिलखिला कर बोली।

कुछ ही दिनों में शर्मिला ने अपने प्यार-बर्ताव से हम दोनों का दिल जीत लिया था। दोनों बेटों के विदेश बस जाने के बाद हमारा एकाकीपन शर्मिला के आने से लगभग खत्म हो गया था।

अब तो शर्मिला को दफ्तर से आने में थोड़ी भी देर होती तो सुमित्रा बेचैन हो उठती। कभी खिड़की से झाँकती तो कभी दरवाजे पर आ खड़ी होती। साथ ही बड़बड़ाती जाती-

'न जाने क्या हो गया है आजकल की लड़कियों को! न समय का ध्यान, न बड़े-बूढ़ों का खयाल। इतनी देर हो गई अब तक घर नहीं आई।'

अरे आ जायेगी। मैं झिड़कता जरूर लेकिन अंदर से बेचैनी मुझे भी कम नहीं होती। ईश्वर ने हमें कोई बेटी नहीं दी थी, इसलिए शर्मिला ही हमें अपनी बेटी लगने लगी। सुमित्रा को तो उससे इतना लगाव हो गया कि उसमें उसे अपनी बेटी का ही अक्स नज़र आने लगा। इसलिए घर आने में उसे थोड़ा देर हो जाती तो वह माँ की तरह उस पर बरस पड़ती। शर्मिला भी बेटी की तरह उसे पुचकारती और प्यार से उसके गले में बाँहें डाल कर कहती-

'अरे आंटी, क्यों इतनी चिन्ता करती हो, ऑफिस में बहुत काम था इसलिए देर हो गई।' और फिर समझाने लगती 'अब जमाना बदल गया है। क्या लड़का, क्या लड़की। नौकरी में

देर-सबेर नहीं देखी जाती।' वह आगे कुछ बोलती, सुमित्रा बीच में ही टोक देती-

'अरे कुछ नहीं बदला, उन्नति के साथ-साथ लोगों के मन भी खराब हुए हैं। इतनी बुरी बातें पहले कभी सुनी जाती थी? अपनी हिफाजत अपने हाथ होती है।'

फिर आगे कहती-'यह तुम्हारी ही लापरवाही है। तुम काम में इतनी ही तेज हो, तो इसे समय से निपटा कर घर क्यों नहीं आ जाती!

सुमित्रा की नजर में शर्मिला दुःसाहसी थी, साथ ही शहर के तौर-तरीकों से नावाकिफ। यह शहर महिलाओं के लिए इतना निरापद नहीं था जितना कि उसका अपना शहर।

शर्मिला जब सुमित्रा को समझा पाने में अपने आप को असमर्थ पाती तो मुझसे कहती-

'अंकल आप ही बताओ ऐन वक्त पर कोई काम आ जाता है, तो क्या सिर्फ इसलिए मना कर दूँ कि मैं लड़की हूँ। देर तक काम नहीं कर सकती। अगर नौकरी करनी है तो काम तो करना ही होगा। अपनी शर्तों पर नौकरी नहीं होती।'

मैं उसकी बात समझ रहा था। उसकी रोज-रोज की परेशानी देखते हुए मैंने उसे एक कार लेने की सलाह दी। वह मान गई। अच्छा कमाती थी इसलिए बैंक से ऋण लेने में भी कोई असुविधा नहीं हुई। तीन-चार महीनों में ही वह ठीक-ठीक कार चलाना सीख गई।

किन्तु गाड़ी आने के बाद वह और भी बेफिक्र हो गई। देर तक मेहनत से लगे रहना और फिर कभी-कभी वहीं से बाजार के काम भी करते हुए आना। यह सब करते हुए उसे अक्सर देर हो जाती।

सुमित्रा इस बात से खुश नहीं थी। नोंक-झोंक चलती

रहती। फिर कभी-कभी अपने भी बाजार के काम उसी से करवा लेती।

मैं सोच में डूबा था कि इसी बीच एक पुलिस कर्मी ने मुझे कंधे से झकझोरा-

'इनके परिवार से है कोई यहाँ पर!'

'नहीं कोई नहीं है। मैंने अभी इसके घरवालों को फोन कर दिया है। दिन तक पहुँच जायेंगे।' मैं बोला।

पुलिस कर्मी ने कहा, 'लड़की ने एक चिट्ठी रख छोड़ी है। उनके आने के बाद ही आगे कार्रवाई करेंगे।'

पत्र में क्या लिखा होगा, यह जानने के लिए मैं भी उत्सुक था। सुमित्रा ने बतायी थी, कुछ दिन पहले हुए हादसे की बात। तभी से शर्मिला काफी सदमे में रह रही थी।

उस दिन उसे ऑफिस से बाजार जाना था। गाड़ी पार्किंग में खड़ी कर वह बाजार चली गई। पार्किंग बाजार से कुछ पहले एक खुले बड़े मैदान में थी। जिसके एक हिस्से पर ज्यादातर अँधेरा पसरा रहता। बाजार से लौटते हुए लगभग नौ बज चुके थे। अनहोनी की आशंका से अनजान शर्मिला दोनों हाथों में बैग लिए गाड़ी के पास पहुँची। घना अँधेरा था। इतने में बगल की गाड़ी का दरवाजा खुला और दो हाथों ने शर्मिला को गाड़ी के अन्दर खींच लिया।

कुछ ही मिनटों में शर्मिला का सब कुछ लुट चुका था। अधमरी सी हालत में शर्मिला को उसी की गाड़ी के अन्दर छोड़ मानवता के हत्यारे फरार हो चुके थे।

थोड़ी देर में शर्मिला को होश आया, तो वह जैसे-तैसे नजदीकी पुलिस चौकी पहुँची और उसने रपट दर्ज करायी। लेकिन न तो उसे गाड़ी का नम्बर मालूम था, ना ही वह उस अंधेरे में उन दरिन्दों का चेहरा देख पाई थी।

खैर रात ग्यारह बजे पुलिस वालों के साथ शर्मिला घर पहुँची तो बेचैनी से इधर-उधर टहल रही सुमित्रा की जान में जान आई। लेकिन उसकी हालत और साथ में पुलिसवालों को देख वह किसी अनिष्ट की आशंका से सिहर उठी। पुलिस वाले उसे घर छोड़कर चल दिये।

उस रात तो शर्मिला ने कुछ नहीं बताया, लेकिन सह सोने के लिए अपने फ्लैट में भी नहीं गई। वहीं सुमित्रा के साथ ही पड़ी रही। परन्तु अगले दिन सुबह सारा माजरा सामने आ गया। पत्रकारिता के पेशे को नापाक करते कुछ गैर जिम्मेदार पत्रकारों ने पुलिस स्टेशन की रिपोर्ट के आधार पर ही बगैर सोचे-समझे चटकारे दार खबर बना दी।

बस यही से शुरू हुआ शर्मिला पर लानत-मलामत का दौर। मौहल्ले वालों के ताने और सहयोगी कर्मचारियों के फिकरे सुन शर्मिला बिल्कुल ही टूट गई थी। फिर शुरू हुआ पुलिस और कोर्ट-कचहरी का चक्कर। तरह-तरह के सवाल। शर्मिला किसी तरह हिम्मत जुटा अपने जीवन की गाड़ी किसी तरह आगे घसीटे जा रही थी।

सुमित्रा ने हालाँकि इस बावत मुझ से खुल कर कभी कुछ नहीं कहा, लेकिन उसके हाव-भाव से साफ झलकता था कि वह इस सारे मामले से बहुत आहत थी। और लगता था, कहीं न कहीं शर्मिला की नादानियों को भी वह जिम्मेदार मानती है।

पर मेरी यह गलतफहमी जल्दी ही दूर हो गई। हमारी एक पड़ोसन के शर्मिला को कुलक्षिणी कहने पर वह उससे बुरी तरह भिड़ गई थी।

'अरे, कैसी औरत हो तुम! उसकी पीड़ा समझने और उसका पक्ष लेने के बजाय उसी पर ऊल-जलूल तोहमतें मढ़ रही हो? देखो वह कितनी हिम्मती लड़की है। अपना काम खुद करना

चाहती है। स्वावलम्बी है। ऐसी-वैसी होती तो आज तक न जाने कितने पुरुष मित्र बना चुकी होती, जो उसके एक इशारे पर हरदम कार्य करने को तत्पर रहते। कभी देखा तुमने उसे किसी के साथ!

सुमित्रा के इस मुँह तोड़ जवाब से पड़ोसन के मुँह में ताला लग गया और मेरे मन से भी एक बहुत बड़ा बोझ उतर गया। कम से कम सुमित्रा तो इस बुरे वक्त में शर्मिला के साथ है। औरत ही औरत की पीड़ा नहीं समझेगी, तो और कौन समझेगा!

पर यहाँ तो पूरा समाज ही पड़ोसन जैसा है। बेहया, बदअक्ल और बदजुबान। शर्मिला को निर्दोष होते हुए भी पता नहीं क्या-क्या सुनना पड़ता होगा?

इस हादसे को बीते तीन-चार महीने हो चुके थे। इस अनहोनी ने शर्मिला के चेहरे से जहाँ मुस्कान छीन ली थी, वहीं सुमित्रा को उसके प्रति और अधिक संवेदनशील बना दिया था। जब भी समय मिलता, दोनों चुपचाप बतियाते रहते। लेकिन उसके भीतर क्या तूफान चल रहा है, वह कभी खुलकर नहीं बता पाई। हाँ इतना जरूर था कि वह हिम्मत से अपनी नौकरी और साथ में न्यायालय की कार्यवाही झेले जा रही थी।

पर आज अचानक यह इतना बड़ा कदम।! ऐसा क्या हो गया, जो उसे यह कदम उठाने को मजबूर होना पड़ा।

दोपहर बाद तक शर्मिला के माता-पिता भी आ चुके थे। अपनी होनहार बेटी की मृत देह देख दोनों सदमें में थे। उनकी मौजूदगी में शर्मिला का पत्र पढ़कर सुनाया गया। उसका पत्र पढ़कर मैं सन्न रह गया। इस क्रूर और निर्मम समाज ने बगैर किसी गलती के उसको दोषी करार देकर उसका जीवन ही लील लिया।

जहाँ भी वह जाती लोग उसे ताने देते। उस पर लांछन लगाए जाते। न्यायालय में भी उसे तमाम जलालतें झेलनी पड़ती।

ऑफिस का भी पूरा माहौल ही बदल गया था। उससे सहानुभूति जताने वाला तो कोई रहा ही नहीं। जो भी था जली-कटी ही सुनाता। पत्र में यही सब व्यथा-कथा थी। उसने लिखा था–

'मन तो मेरा उसी दिन टूट चुका था, जिस दिन मेरे साथ यह यह अनहोनी हुई। लेकिन मैं इसके खिलाफ लड़ना चाहती थी। दोषियों को सजा दिलाना चाहती थी। आखिर मेरा दोष क्या था? पर इस समाज ने मुझे जीने नहीं दिया। बहुत कोशिश की लेकिन अब इस शरीर का बोझ और ढ़ोया नहीं जाता। मेरी ईश्वर से प्रार्थना है कि वह लोगों को सद्‌बुद्धि दे। ताकि मुझ जैसी हादसे की शिकार लड़कियों से जीने का हक भी न छीन लिया जाए।'

शर्मिला का यह मार्मिक पत्र इस सभ्य समाज की असलियत उजागर कर गया। यह दिखा दिया कि सभ्यता का ढिंढोरा पीटने वाला यह समाज हकीकत में कितना असभ्य, घृणित और निर्मम है। जिसने सहारा देने के बजाय उस बेसहारा से जीने का हक ही छीन लिया।

मैं सोच में पड़ गया, इस सब के लिए दोषी कौन है–वो वहशी दरिंदें, या ये समाज या फिर दोनों...!

‘आनन्द’ मरते नहीं

जीवन के इस कुदरती रंगमंच में भी कुछ किरदार ऐसे होते हैं, जो बेरंग जिन्दगी में भी रंग भर जाते हैं। दिलों में गहरे उतर कर न सिर्फ पोर-पोर पुलकित कर जाते हैं बल्कि जिन्दगी को जिन्दादिली से जीने का जज्बा भी जगा जाते हैं।

शरत भी इन्हीं जीवंत किरदारों में एक था। हर पल ताजगी से भरा, जीवन को जी भर कर जीने वाला। काँटों की सेज में भी फूल सा खिला। बीहड़ जीवट का धनी। जिन्दगी इम्तहान पर उतर आयी तो भी माथे पर जरा सा बल नहीं। उलटा समझाने लगता–

‘यार, कितनी लाख योनियों की जद्दोजहद से मिलता है ये मानुस जीवन! उसे भी हम ढंग से न जी पाएँ, तो लानत है। इसलिए जितना भी जीओ, जी भर कर जीओ।’

गजब का जज्बा था उसमें। यह जानते हुए भी कि पता नहीं कब मौत दस्तक दे दे। उसे कुछ फर्क ही नहीं। रात भर यही सब सोच मैं करवटें बदलता रहा।

कल ही ऑफिस में राजीव मिलने आया था। बातों-बातों में पुराने दिन याद हो आये। हम दोनों गहरे मित्र थे। सालों बाद यह मिलना हो रहा था। एक-एक कर सब साथियों की कुशल-क्षेम पूछी, तो भला शरत कैसे छूट सकता था। वह भी बहुत ही करीबी था हम लोगों का। काफी दिनों से उससे भी मुलाकात नहीं हो पाई थी।

'तू शरत से कब से नहीं मिला!' अचानक कुछ भारी पन सा आ गया राजीव की आवाज में।

'यार, बहुत दिन हो गये उससे मिले। आज ही उसे फोन करता हूँ। इस बार का सप्ताहान्त उसी के नाम।'

शरत का जिक्र आते ही उसका प्रफुल्लित चेहरा आँखों में उतर आया। क्या मस्त बंदा था। जहाँ भी जाता उसी के चर्चे रहते। खूब हँसमुख व जिन्दादिल। महफिलों की तो वह रौनक रहता। सब उसके चहेते थे।

पर मैं कुछ आगे बोलता, वह कुछ गम्भीर सा होकर बोला–'इस सप्ताहांत में तो शायद वह नहीं मिल पाये। लेकिन फोन पर पता कर लेना, वह दिल्ली से कब लौट रहा है। यार वह बहुत बीमार है, उसे कैंसर हो गया है।'

मेरा तो जैसे दिमाग का 'फ्यूज' ही उड़ गया। कुछ देर तो कुछ समझ ही नहीं आया। 'क्या कह रहा है, यार तू!'

कुछ बोले बगैर उसने हल्के से सिर हिलाते हुए संकेत दिया, मतलब यह बात सही है।

थोड़ी देर हम दोनों के बीच खामोशी पसरी रही। फिर धीरे-धीरे राजीव ने सारी व्यथा-कथा सुना डाली।

'उसे एक दो बार फेफड़ों में पानी भरने की शिकायत हुई, अपने लापरवाह स्वभाव के चलते उसने उसे हल्के से लिया। लेकिन जब परेशानी बार-बार सर उठाने लगी, तो पत्नी ने दिल्ली जाकर दिखाने पर जोर दिया। टेस्ट में पता चला दोनों फेफड़े कैंसर से बुरी तरह ग्रस्त हो चुके हैं। एक बार तो कीमियोथेरेपी भी हो चुकी है, लेकिन कैंसर बहुत फैल चुका है। लगभग अन्तिम अवस्था में है।'

कुछ देर फिर मौन पसरा रहा। मन बहुत खराब हो गया। बाकी औपचारिक बातें निपटा कर राजीव चल दिया। मैं फिर वहीं कुर्सी पर आकर निढाल सा पड़ गया। शरत और मैं कालेज के जमाने से दोस्त थे। बड़े जिगरी। उसके मस्तमौला स्वभाव का मैं मुरीद था। पढ़ने में वह काफी तेज था। किन्तु भविष्य को लेकर बिल्कुल ही बेफिक्र। हर पल वह बिंदास जीना चाहता था। कभी-कभार नौकरी को लेकर मुझे तनाव में देख वह झिड़क देता–

'यार तू तो बेकार ही टेंशन करता है, जिसने पेट दिया है वो खाना भी देगा, इससे ज्यादा और क्या चाहिए जिन्दगी में। बस मस्त रहो'

वह ठहाका लगाकर पीठ ठोंकता, चलो अभी आते हैं। फिर हम एकांत में कहीं टहलने निकल जाते। वह घूमने का बेहद शौकीन था। इसी शौक के चलते उसने पर्यटन में डिप्लोमा किया और फिर पर्यटन विभाग में ही नौकरी पा गया।

अब तो रोजगार भी हो गया। उम्र बढ़ती जा रही है। माँ-बाप को उसकी शादी की चिन्ता सताने लगी। लेकिन वह टालता रहा। नौकरी से जितना भी समय मिलता वह घूमने में ही निकल जाता। अति हो गई तो माँ-बाप की बात माननी ही पड़ी। जब उसकी शादी हुई, तब तक मैं दो बच्चों का बाप बन चुका था।

वह जितना लापरवाह था, पत्नी उतनी ही समझदार। उसने शरत का बिखरा घर ही नहीं जीवन भी सँभाल लिया। अब वह दो बच्चों का पिता था।पर अचानक यह आसमान कैसा टूट पड़ा! घरवालों का तो बुरा हाल होगा। सम्पर्क करने पर पता चला, वह दो दिन बाद आ रहा है। कुछ दिन यहाँ रहकर फिर कीमियोथेरेपी के लिये दिल्ली चला जाएगा।

दो दिन बाद मुझे शरत से मिलने जाना था। समझ में नहीं आ रहा था, कैसे सामना करूँगा उसका। भाभी तो और भी टूट गई होगी। मेरे पास तो उसे सान्त्वना देने के लिए शब्द भी नहीं थे।

जिस दिन उससे मिलने जाना था, उससे पहली रात मैं सो नहीं पाया। क्या कहूँगा, कैसे कहूँगा, कुछ समझ नहीं पा रहा था।

उसका भी क्या हाल होगा। मैं सिहर उठता। मन ही मन ईश्वर को कोसता कि भगवान तू भी ऐसे इंसानों का ही इम्तहान लेता है। आखिर उसे किस किये की सजा दे रहा है तू?

बड़े भारी मन से अगले दिन शाम को मैं पत्नी के साथ शरत के घर जा पहुँचा। देखा बाहर अजीब सी खामोशी पसरी है। न बच्चों का शोर-शराबा न किसी के बोलने की कोई आवाज।

घण्टी बजने के थोड़ी देर बाद शरत के बहनोई ने दरवाजा खोला। भाभी जी वहाँ पर नहीं थी। शरत हमारी ओर पीठ किये कुछ लिख रहा था। मुझे जैसे लकवा मार गया। मैं गूंगा हो गया हूँ, मुँह से कुछ शब्द ही नहीं निकल पा रहे थे।

इतंने में शरत पीछे मुड़ा और मुझे देखते ही खड़ा हो गया।

'अरे तू कब आया? उसने सवाल किया और फिर मुझे मौन देखकर उसने चुटकी ली।

'अबे कुछ तो बोल। ऐसा लग रहा है, जैसे मैं मर गया हूँ।'

'कैसा है तू?' कहते हुए मैं उसके गले लग गया।

'कैसा दिख रहा हूँ तुझे? पहले से भी ज्यादा स्मार्ट और चुस्त। है ना?' वह बोला और फिर अपने उसी चिरपरिचित अन्दाज में उसने जोर का ठहाका लगाया।

हमारी आवाज सुनकर भाभी जी किचन से बाहर निकल आई।

मैं और शरत बातों में मशगूल हो गये। उसका बेफिक्र अंदाज देख मुझे अंदेशा हुआ कि कहीं उसे कैंसर की बात छुपाई तो नहीं गई है। या फिर कहीं राजीव से ही उसकी बीमारी को समझने में कोई भूल हुई हो।

मेरी पत्नी उठकर शरत की पत्नी के साथ दूसरे कमरे में चली गई, तो शरत ने अपनी बीमारी के बारे में बात करना शुरू किया।

'देख यार, एक न एक दिन तो सबको मरना ही है। अब जितना भी जीना है, अगर वो दिन भी मर-मर कर काटूँ तो अपने साथ सबको तिलतिल कर मारूँगा। इसलिए जितने दिन बचे हैं उन्हें जिन्दादिली से जियो।'

वह बोले जा रहा था और मैं तो किसी दूसरी ही सोच में डूब गया था। किस माटी का बना है यार तू। इतना बड़ा खतरा और तुझ पर शिकन नहीं। मैं तो सान्त्वना देने आया था और तू है कि उल्टे मुझे हिम्मत बँधा रहा है।

वह मुझे समझा रहा था, वह तो बहुत भाग्यशाली है कि उसे पता है, कितने दिनों बाद मरना है। इसलिए जो भी दिन बचे हैं, उन्हें भरपूर जीओ। वो लोग तो बेककूफ हैं जो उस एक दिन के डर से उसी पल जिन्दगी जीना छोड़ देते हैं। फिर मेरे कंधे झकझोर कर मेरी तन्द्रा तोड़ते हुए बोला–

'यार! सुना है कीमियोथेरेपी से बाल उड़ जाते हैं? लेकिन

गंजा होकर भी स्मार्ट लगूंगा मैं, क्यों?' फिर उसका ठहाका गूँजा।

कुछ देर रुक कर हम दोनों वापस चले आये। रास्ते भर वही चर्चा। पत्नी ने मुझे भाभी जी के बारे में बताया, तो मैं उनका और भी कायल हो गया।

उसका कद मेरी नजरों में शरत से भी बड़ा लगने लगा। शरत तो महान था ही। वह अपनी बीमारी का रोना किसी के आगे नहीं रोना चाहता था। पर भाभी जी उसका दिल रखने को अपने कलेजे पर पत्थर रखे थी।

अपने अंदर उमड़ते भावनाओं के सागर की एक-एक बूँद अंदर ही जज्ब किये थी। वह मन ही मन रोती। पीड़ा असह्य हो जाती तो मन हल्का करने को घर के किसी कोने में चुपचाप आँसू बहा आती।

लेकिन शरत के सामने वह चेहरे पर हमेशा मुस्कराहट बिखेरे रहती। उसे देख तो लगता ही नहीं था कि उसका पति इतना गम्भीर बीमार भी है। यहाँ तक कि आने-जाने वाले तो यह भी कहने से नहीं चूकते कि उसे देखकर तो लगता ही नहीं कि उसका पति इतना बीमार है। यह पीड़ा उसने स्वयं से जताई भी।

'घर-परिवार वाले टूटेंगे, तो मरीज और टूट जाता है। हरदम रोते-बिलखते रहेंगे, तो क्या हालत होगी उनकी! इसलिए हम उन्हें महसूस ही नहीं होने देते कि वह हमारी वजह से और टूटे। उसे हर पल खुश रखने की जी तोड़ कोशिश में ही लगे रहते हैं हम, तो लोगों को क्यों परेशानी है?'

महान हैं भाभी जी भी। शरत के घर जाने से पहले मैं जितने तनाव में था, वापस लौटते हुए उतना ही हल्का महसूस कर रहा था। मुझे तो फख्र था, लेकिन आज मामी के लिए कितना जिन्दादिल है मेरा दोस्त।

आज शरत से मिलकर मुझे अनायास ही आनन्द फिल्म के हीरो की याद आ गई। वह हमारे काल्पनिक जीवन के रंगमंच का पात्र था। पर यह आनन्द तो जिन्दगी के असली रंगमंच का पात्र है, जो हमेशा हमारे दिलों में धड़कता रहेगा।

●●●